동부수필문학회 창립 제15주년 특집

넥타이 속에 담긴 시간

2025

동부수필문학회 창립 제15주년 특집

넥타이 속에 담긴 시간

초판 1쇄 인쇄 | 2025년 08월 20일
지은이 | 동부수필문학회
펴낸이 | 이재욱(필명:이승훈)
펴낸곳 | 해드림출판사
주　소 | 서울 영등포구 경인로82길 3-4(문래동1가 39)
　　　　센터플러스빌딩 1004호(07371)
전 화 | 02-2612-5552
팩 스 | 02-2688-5568
E-mail | jlee5059@hanmail.net

등록번호　제2013-000076
등록일자　2008년 9월 29일

ISBN　979-11-5634-644-9

이 책은 전라남도. 전라남도문화재단의 후원을 받아 출간하였습니다.

동부수필문학회 창립 제15주년 특집

넥타이 속에 담긴 시간

동부수필문학회

해드림출판사

서문

해를 거듭해 발전하는 동부수필

　전남 여수에 터 잡고 뿌리내린 '동부수필'은 소수정예를 지향한다. 누구나 받아들이지 않으며 입회 시에는 전 회원의 동의를 필수로 한다. 이 방침은 출범 시부터 지켜 내려온 원칙이다.
　동부수필은 2010년 12월에 결성되었다. 모임의 명칭에서도 알 수 있듯 3개 시(여수·순천·광양)를 아우르는 문학단체이다. 따라서 회원은 이 지역에 거주하는 분을 원칙으로 하며 연고가 닿아 있는 작가도 그 대상이다.
　동부수필은 처음 13명이 의기투합하여 모이게 되었다. 그런데 15년이 지난 지금도 회원 수에 별다른 변화가 없다. 이렇게 말하면 '고인 물'이 아닌가 생각할지 모르지만 그렇지는 않다. 신입구출(新入舊出)이 이루어져 절반 이상이 물갈이가 되었다.
　동부수필은 그간 총 4집을 발간하였다. 펴낼 때마다 호평을 받았다. 한편, 동부수필은 공부하는 모임이기도 하다. 매달 한 번씩 모여서 작품을 발표하고 합평회를 갖는다. 이런 과정을 거치면서 이제는 광주 전남권을 대표하는 수필문학 단체로 성장했다.

아시다시피 수필은 진솔한 자기 고백 내지 예술 지향의 문학장르이다. 자기가 보고 느끼고 생각한, 희로애락(喜怒哀樂)의 감정을 여과 없이 드러내는 문학이다. 그런 만큼 허구가 용인될 수 없으며 인격을 바탕으로 한다. 그런데 오해가 좀 있는 것 같다. '어찌 허구가 들어가지 않고 문학이 되는가?' 하는 반론이다. 그러나 그것은 전혀 문제가 될 것이 없다. 꿈을 빌린다거나 상상의 처리로 얼마든지 문학성을 확보할 수 있다. 억지로 만들거나 지어 쓴 글이 문제이지, 진솔함을 시비 걸 문제는 아닌 것이다.

수필문학은 애초에 허구를 쓰지 않기로 하고 출발한 문학이다. 허구로 쓴 글이라면 소설이거나 콩트거나 희곡이 될 것이다.

수필작가들이 많이 늘어나다 보니 허구로 쓴 내용을 많이 만나게 된다. 노선버스를 다른 곳으로 끌고 갔다거나, 뱀이 땡볕에 나와 있다거나, 밥을 먹는데 제비집이 갑자기 떨어졌다거나, 배추 포기에 묻어온 벌레를 놔두었더니 우화등선하여 날아갔다는 것 등은 작가가 양심을 속인 것은 물론 독자를 우롱하는 것이다.

이러한 일탈이 문제이지, 지금의 조건에서도 창작성은 얼마든지 확보될 수 있다. 떠도는 말들이 분분하여 한마디 한 것이다.

동부수필은 장르 본래의 의무와 가치를 존중한다. 앞으로도 그러할 것이다.

2025년 8월

동부수필고문 **임병식**

차례

서문 | 해를 거듭해 발전하는 동부수필 – 동부수필고문 임병식   4

오순아

오동도 동백은 세 번 핀다	13
두문포 비로소 봄	16
삼다수 커피를 아시나요	20
다 그런 거란다	24

임경화

그의 옆으로 달이 따라오고	29
나의 여수 10경	34
그리운 여름 레시피	39
음식과 글쓰기	44

동부수필문학회 창립 제15주년 특집

이승애

이 밤에, 나는 눈을 밟는다	51
오늘 밤, 나를 달빛에 물들인다	55
빈집에 찾아온 손님	59
당신은 모든 사랑과 이별의 아픔을 들려주었다	64

박주희

하얀색 구름사전	70
막내의 귀가	74
충민사를 고찰하다	82
동심원	85

차성애

김치찌개와 목련	90
이는 오복 중 하나	93
엄마, 열여덟의 꽃을 피우다	98
고생 끝에 핀 '구실'	103

이승훈

밤에만 풀벌레가 요란하게 우는 이유	109
수탉이 새벽마다 우는 이유	114
개미가 길을 잃지 않는 이유	118
새들이 V자 형태로 나는 이유	122

양달막

기타 단상	128
코피 루왁	132
황혼	136
김밥	140

이희순

작두날 위를 걷는	147
알면 알수록 자랑스러운 한글	149
방하착을 책하다	154
북향사배의 원류를 찾아	157

이선덕		
	장날	163
	해맑은 웃음	166
	바람의 얼굴	170
	삶의 모퉁이에서	173

윤문칠		
	곡성 깨비정식	178
	구두와 검정 고무신	182
	나트랑의 아침(추억을 남기다)!	185
	넥타이 속에 담긴 시간	193

김종호		
	말하는 의복(衣服)	198
	명상일까? 묵상일까!	202
	메멘토 모리(memento mori)	206
	나의 등대	209

엄정숙

구두를 닦으며	215
어머니의 흰 고무신	219
그 가을에 겪은 낭패	223
바다를 원서로 읽다	227

곽경자

금오도 일지 1	233
금오도 일지 5	236
숭어 떼 뛰어오르듯	239
엄마라는 이름으로	243

임병식

쟁기	249
굴뚝 연기	254
정적(靜寂)과 파적(破寂)	259
모래톱 풍경	263

오순아

오동도 동백은 세 번 핀다
두문포 비로소 봄
삼다수 커피를 아시나요
다 그런 거란다

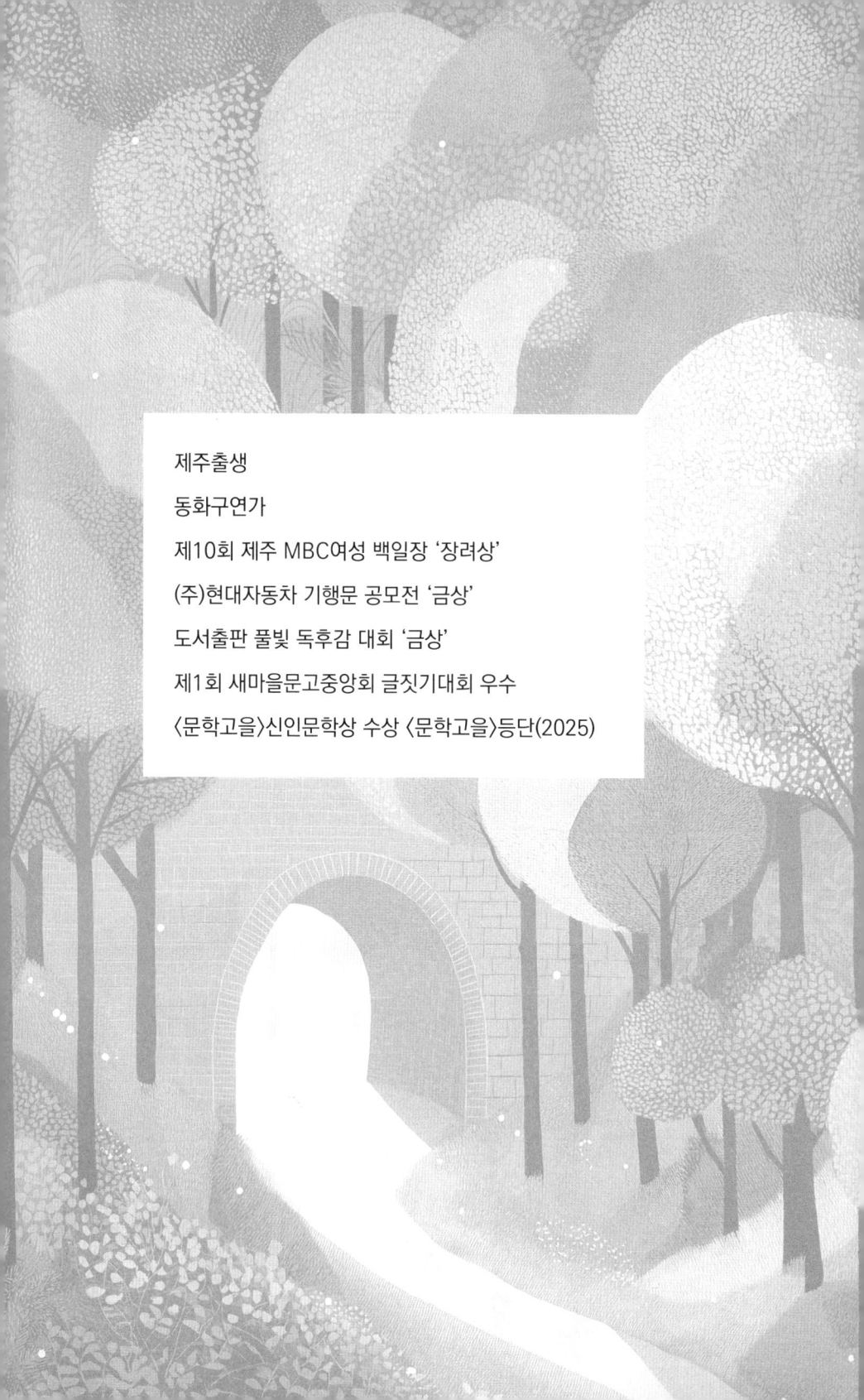

제주출생

동화구연가

제10회 제주 MBC여성 백일장 '장려상'

(주)현대자동차 기행문 공모전 '금상'

도서출판 풀빛 독후감 대회 '금상'

제1회 새마을문고중앙회 글짓기대회 우수

〈문학고을〉신인문학상 수상 〈문학고을〉등단(2025)

오동도 동백은 세 번 핀다

 오동도는 '섬'이라고 발음할 때 느껴지는 검푸른 쓸쓸함이 없어서 좋다. 입술을 동그랗게 하여 오동도라고 말하면 동그란 동백꽃이 떠오르며 그대로 오동도는 동백이 된다.
 동백 숲으로 들어가니 자랄 대로 자라 엄부랑한 나무들이 온통 하늘을 가려 어둑하고 서늘한 기운마저 느껴진다. 진초록의 윤기 나는 잎사귀들 사이에 원색의 붉은 점과 무수한 그 붉은 점들은 나무 아래도 쏟아져 내려 누군가 붉은 꽃방석을 만들어 놓았다. 오동잎을 닮은 섬, 한때는 오동나무가 많았다는 오동나무 섬이 지금은 동백 군락지가 되었고 해마다 선연한 그리움처럼 붉은 꽃이 피고 또 떨어진다. 오동도의 동백은 나무에서 한 번, 땅에 떨어져서 또 한 번, 이렇게 두 번 핀다고 했다.
 떨어진 꽃을 하나 주워 통꽃 붉은 잎을 입에 대어 보니 쌉싸름한 나뭇잎 맛이 난다. 이번에는 반들거리는 잎사귀를 '톡' 소리 나게 뜯어 씹어보았다. 비릿한 동백꽃 맛이다. 꽃에서 잎의 맛이 나고 잎에서 꽃의 향이 난다. 뒤섞인 향은 미끈한 동백기름 맛인가 했더니 어릴 적 집 마당의 동백나무 그늘로 내 기억을 옮겨가게 했다. 엄마는 동백꽃이 지고 나면 동그랗고 옹골차게 매달렸던 동백 열매가 벌어져 저 스스로 씨를 떨굴 때까지 기다린 다음, 까만 동백 씨를 주워 말리셨다. 그렇게 말린 동백 씨를 기름으로 만들어 썼고, 잘 말라 더 단단해지면 우리는 공기놀이를 했다. 붉은 꽃잎과 노란 꽃술과 반짝이는 짙은 초록을 섞으면 동백 씨처럼 까만색이 된다는 것도 그즈음에 알았던 것 같다.

나의 엄마는 폐암 말기 진단을 받고 폐의 한쪽과 다른 나머지 한쪽의 절반마저도 제거해야 하는 수술을 받으셨다. 보통 사람 폐의 반의반 조각을 가지고 숨쉬기조차 힘들어하셨고, 의사는 그런 엄마에게 하루 만 보 걷기를 처방하였다. 산소 호흡기를 막 떼어내 스스로 숨 쉬는 것도 버거운 엄마. 칠순 환자에게 매일 일만 보의 걸음을 걸으라는 것은 가혹했다. 오동도의 처연한 동백꽃이 뚝. 뚝. 떨어지는 가슴 통증을 하루 일만 번 견디는 것. 그 매일의 아득한 아픔을 견뎌낸 엄마는 완벽하지는 않았지만 다시 보통의 하루를 한동안 맞이할 수 있었다.

엄마에게 '걷기'란 단순한 다리 운동과 호흡기관의 쓸모를 위한 재활 운동만은 아니었을 것이다. 하루 일만 번 숨 고르기를 하는 동안, 가슴 통증보다 더 고통스러웠던 기억들과 마주하고 화해하고 용서하는 일. 힘들었던 모든 순간에도 당신을 살게 하고 행복하게 했던 기억을 끌어안으며 위로받던 의식이 아니었을까.

어린 시절 엄마는 온 제주도가 불타올랐던 일들로 트라우마를 안고 자랐다. 사는 동안 이합집산 정신없는 시절에도 문중의 치세를 이어온 종가의 며느리로 권속들을 챙기며 많은 이들의 이목을 일일이 신경 써야 했다. 그런 엄마의 고매한 눈가에는 종종 쓸쓸함이 느껴졌었다. 엄마는 동백을 닮았다. 정돈되고 단아하지만 정념 따위는 꾹꾹 억눌러야만 했던, 그저 붉을 수밖에 별도리가 없어서 아찔하게 붉은 꽃. 그 붉은 색을 더는 끌어안고 견딜 수 없을 때 꽃은 한순간에 뚝 아래로 떨어진다.

엄마를 보내고 십수 년이 되었지만 아직도 엄마가 생각날 때마다 가슴에 찌릿찌릿한 통증을 느낀다. 엄마가 걸으면서 부여잡았던 곳이 여기인가 생각한다. 그리움의 질료는 그곳 어디를 통과하는 혈액의 성분일까? 붉은 동백꽃 잎을 세게 쥐면 묻어나는 그것이 폐부로 스며들면 통증이 멎을지도 모르겠다.

내게 있어 동백은 세 번 핀다. 초록 나무에서, 땅에 떨어져서, 그리고 또 내 가슴에서…. 떨어진 동백꽃에서 엄마 향기가 난다.

오래전부터 섬을 지키며 불을 밝혔다는 흰 등대에 올라 다도해의 풍광을 내려다보았다. 물살이 우는 기암절벽 사이의 바람골과 용의 전설을 들려주는 용굴을 보며 급할 것 하나 없는 걸음으로 쉬엄쉬엄 신우대 숲 터널을 걸었다. 동백나무보다 더 오래전부터 그곳을 지키면서 동백의 배경이 되어준 후박나무며 팽나무도 신비스럽다. 숲길을 빠져나오면 한낮의 영화를 보고 햇빛 아래로 나온 것처럼 눈이 부시다. 눈앞의 향기를 품은 바다는 윤슬로 일렁거린다. 광장에서 봄을 누리는 사람들의 평온함이 내게까지 전해졌다.

두문포 비로소 봄

탁! 봄이 던져졌다. 줄 풀린 팽이처럼.
 봄은 여기저기를 싸돌아 다니며 실타래를 풀어낸다. 길도 없이 후미진 도린곁까지 나가 여린 싹들을 끌어 올리기도 하고, 살풍경한 나목을 쓰다듬고 애채를 돋게도 한다. 계절, 그에게도 계획이 있었겠지만 팽이를 놓쳐버린 순간 계획이란 것은 아무 소용이 없다. 모든 것들이 항꾸네, 그야말로 팽팽 정신없이 피어댄다. 그러다가 계절은 내게도 툭, 봄을 던졌다. 얼떨결에 받아안은 따수운 기운에서 몽실몽실 간지러운 바람이 분다.
 죽포 삼거리에서 두문포를 향해 걷는다. '베니스 마을'이라고 이름 적힌 낯선 안내석을 바라보며 두문포에서 살던 시절을 떠올린다. 둘째는 유모차에 태우고 큰아이와 산책하며 들꽃을 꺾던 이십여 년 전 시골길은 보행자를 위한 데크길로 반듯하게 정비가 되었다.
 마을로 이어지는 밭두렁에 뽀얀 솜털을 털어내지도 못한 어린

쑥들이 지천으로 번져있다. 걷던 길을 멈추고 중그랑이 앉아 맨손으로 쑥을 뜯었다. 톡, 어린잎을 하나 뜯었을 뿐인데 훅, 쑥 향이 번진다. 솜털 보송한 하얀 쑥이 한 손 가득 모아지는 동안 손톱 밑으로 까맣고 푸릇한 쑥물이 들었다. 향긋한 쑥 향은 더욱 오래된 봄날의 기억을 또 불러왔다.

결혼하고 처음으로 맞는 봄이었다. 겨울이 지나고 하루 해가 다시 길어지기 시작하면서 그이는 입맛이 없다 했고 축축 처지는 어깨에 비슬비슬 기운을 내지 못했다. 수액을 맞고 약을 지어 먹어도 소용이 없었다. 봄볕에도 현기증이 인다고 힘들어하던 그이가 어느날은 혼잣말처럼 쑥국이 먹고 싶다는 것이었다. 한 번도 쑥국을 먹어본 적이 없는 나는 그 맛을 짐작할 수도 없어 난감하기만 했다.

결혼선물로 받은 요리책에도 쑥국 레시피는 나오지 않아서 답답했는데 요리 잘하는 이웃의 부산 사모님께 여쭈었더니 손수 한 냄비 쑥국을 끓여다 주셨다. 그러나 그 쑥국은 남편이 그리워하는 음식이 아니었다. 결국 시어머님께 전화로 여쭈었고 비슷하게 끓여낸 나의 바지락 쑥국을 다행히 그이는 행복하게 먹어주었다.

오랜 객지 생활에 칼바람 같은 시간을 애써 견디느라 지칠 대로 지친 그이에게 간절한 것은, 몸과 마음이 추억하는 어린 날 엄마의 그것이었다. 소박하기 짝이 없는 쑥국 한 그릇으로 먼지처럼 붙어있던 묵은 계절을 털어내고, 새봄을 맞이할 기운을 얻는 그이를 보며 나는 울컥해졌다.

그이에게 바지락 쑥국은 단순한 음식이 아니었다. 봄이라는 것이 오기는 할까 막막해 하면서도 시린 계절을 고독하게 견뎌낸 땅을 힘겹게 밀어 올린 여린 쑥. 그 기운으로 끓인 봄날의 이것은 유년의 추억이고, 엄마의 사랑이고, 애썼다고 다독거리며 감싸안아 주는 훈풍이었다.

  송시밭골 거친 갯벌에서 골라낸 바지락을 바락바락 잘 문질러 씻어 끓이다가, 구수한 된장과 쑥을 넣어 한소끔 더 끓이는 동안 좁은 집안은 봄 들판의 향긋함으로 가득 채워졌을 것이다. 허리가 굽지도 않은 곱고 젊은 어머니와 밥상 앞에 함께 앉은 어린 날의 그이를 상상하는 것은 어렵지 않다.

  맛있고 진귀한 음식들이 넘쳐나 허기질 일이 없지만 배를 채워도 영혼을 채우지 못하면 양식이 아니다. 계절마다 엄마의 손끝을 거치고 난 음식들의 기억은 많은 순간을 견뎌야 하는 우리에게 항상 내 편이 되어주는 다정함이고, 힘들어도 다시 털고 일어서게 하는 힘이다.

  마을을 지나 두문포 포구까지 다다랐다. 꼬불꼬불 정겹던 동네 안길은 몇몇 집들을 헐어내어 넓혀졌고 예전에 없던 방파제에는 벽화와 조형물들로 꾸며져 있었다. 겨우내 건져 올린 메기며 아귀를 말리던 포구의 매서웠을 된바람도 감실감실하다.

  불무섬 앞까지 물이 빠지며 갯밭이 드러났다. '영을 트는 날'이 아니어도 아이들과 우리가 호미를 들고 갱번을 휘젓는 것쯤은 아무도 눈치를 주지 않던 그때가 엊그제 같다. 몇 알 바지락을 주어다 쑥국에 넣었으면 좋겠다고 생각하며 혼자 웃는다. 저녁 시간은 아직 멀었는데 갑자기 허기가 밀려온다. 쑥국을 끓이고 돌김을 구어 달래장과 저녁상에 올리면 저마다 품어두었던 봄이 깨어나면서 입안 가득 행복한 춤을 출 것이다.

언제부턴가 바지락 쑥국을 먹고 나서야 비로소 온전한 봄이 내게도 온다. 정신없이 싸돌아다니던 봄기운을 대접에 얌전히 담아내면 살찐 바지락이 입 벌리며 봄 쑥 향을 몽실몽실 피워올릴 것이다.

두문포에서 맞이하는 항꾸네 봄이다.

항꾸네: '함께'의 방언(경남,전남)
영을 트는 날 : 마을에서 바지락 채취가 허가된 날
갱번 : '바닷가'의 방언(전남)

삼다수 커피를 아시나요

 드르르르르륵 드륵드륵… 아침 해가 길게 들어와 조명처럼 그의 뒷모습을 비추고 있다. 대단한 일이라도 하는 듯 그이의 어깨에 힘이 잔뜩 들어갔다. 왼손으로 그라인더 본체를 잡고 오른손으로 손잡이를 돌리는 동작과 함께 커피 원두가 분쇄되어 쌓이는 중이다. 공간을 가득 채우려는 향기의 습성은 그라인더 소리보다 먼저 거실 반대쪽까지 닿았다.
 소리가 멈추고, 그이는 이쪽을 향해 돌아서며 끓인 물을 드립 주전자에 옮겨 붓는다. 바리스타처럼 드리퍼에 종이 필터를 깐 다음 곱게 갈린 커피 가루를 톡톡 털어 담는다. 그 모습이 사뭇 진지하다. 가늘고 기다란 수구에서 뜨거운 물이 쪼르르 떨어지며 갈색 커피 가루가 물을 껴안으면서 진하게 색이 깊어지면서 커피빵이 되어 부풀어 오른다. 광고에서 보았던 초코빵 굽는 영상처럼 점점 부풀어 오르다가 폭! 하고 멈춘 순간, 거품 속에 갇혔던 커피 향기들이 일제히 터져 나와 온 집안을 가득 채운다. 투명한 유리 서버에 또르륵 갈색 액체가 채워졌다.

"역시 스페셜티 커피야. 향기가 벌써 다르잖아."

그이는 아주 득의양양하다.

진달래가 피어나기 시작하던 지난봄, 돌산 금오산 등반을 할 때가 떠올랐다. 우리들은 겨우내 움츠렸던 마음이라는 드립 서버에도 봄볕을 내려받을 양으로 표정이 들떠있었다. 아직 일어나기 싫었던 게으른 산은 진달래의 꼼지락거리는 간지럼을 참느라 애써 힘을 주고 있고, 산을 찾아온 손님들의 떠들어대는 웃음소리에도 귀를 틀어막은 나뭇가지와 휘추리들 역시 무뚝뚝했다. 그렇게 버티다가 금오산은 지각한 사람처럼 허둥대며 서둘러 봄을 피워댈 것이다.

금오봉 정상을 지나니 가볍게 내딛던 발걸음에 서서히 무게감이 실리고 숨이 가빠오며 뒤처지는 이들도 생겼다. 능선 삼거리를 지나 전망대에 다다랐다. 앞서가던 우리는 일행이 다 올 때까지 기다리자고 너른 바위에 자리를 잡고 앉았다.

"오 쌤! 혹시 커피 있으세요?" 일행 중 한 사람이 물었다.

"가져오기는 했습니다만… 좋은 원두가 다 떨어져서, 이건 조금 오래된 원두여요."

멋쩍은 표정으로 난감해하는 내게 그것이라도 얼른 내려주라는 눈빛을 보냈다. 배낭에서 커피 드립 세트를 꺼내다가 순간 내 얼굴이 굳어 버렸다. 뜨거운 물을 담은 보온병을 두고 온 것이었다.

"아무래도 금오산에서 드립커피는 인연이 아닌가 보다" 하니

"생수로 내리면 어떨까요? 더치커피도 찬물로 내리잖아요?" 하

며 삼다수를 건네는 것이었다. 그렇게 해서 내려진 삼다수 커피를 먼저 한 모금 마신 그니가 "오! 괜찮은데요?" 했다. 그럴 리가 없을 것이다. 텁텁하고 향도 그렇고, 오직 겉모습만 커피일 터이다. '내려졌다'라는 표현 역시 무색할 것이다. 신선도가 떨어지는 커피 입자를 그저 통과한, 따끈하지도 시원하지도 않아 밍밍한 삼다수 음료가 괜찮을 리 없다.

마침 거칠게 숨을 몰아쉬며 허청허청 바위 위로 걸터앉았던 다른 이가 자기도 좀 달라며 빼앗듯이 한 모금을 마셨다.

"역시! 오 쌤은 커피 장인이야. 산 정상에서 이렇게 기가 막힌 커피를 마실 줄이야! 고마워요." 다른 일행도 서로 한 모금씩 달라고 뺏어 마시고는 흡족한 표현들을 쏟아내는 것이 아닌가.

"어디 커피예요? 브라질 커피예요? 아니, 아프리카 쪽인가요? 원두가 비싼 건가 봐요. 스페셜티 커피인가요?"

그들의 표정이 거짓은 아닌 듯하여 나도 한 모금 마셔보았다. 예상했던 대로 맛이 썼고, 텁텁했고, 원래의 발랄했던 향기는 사라졌다. 그런데 신기하게도 묘하게 끌리는 맛이 입안에서 계속 맴도는 것이었다.

거북이 등의 육각 무늬처럼 투박하고 쌉싸름한 맛, 귀여운 밤톨 섬에 떨어진 알밤의 느긋한 달콤함, 간간이 바다 위로 뛰어오르는 물고기의 힘찬 움직임처럼 역동적인 쓴맛, 알 섬에서 알을 낳은 새들의 고요한 날갯짓처럼 포근하면서도 고독한 맛.

건강한 종아리를 물에 담근 임포 해안 돌올한 절벽에서 불어오는 사철 푸른 솔향과, 막 터지기 시작하는 진달래의 수줍은 향과,

멀리 남해 보리암 풍경처럼 아득하고 우련하게 흩어지는 해무를 닮은 바다감까지… 여수 돌산 바다와 좋은 사람들의 웃음소리도 함께 내려진 삼다수 커피는 그런 맛이었다. 비싼 원두를 저울질하고 온도를 맞춰가면 공들인 것 못지않게 특별했다.

뜨거운 물에 헹구어 따뜻하게 덥힌 잔에 그이가 커피를 따라준다. 한 모금 입에 물었더니 달콤한 꽃향기가 입안 가득 번진다. 혀끝의 어느쪽에선가 부드러운 산미가 느껴지고 적당히 쓴맛이 목을 타고 넘어갔다. 까만 콩 안에 이런 향과 맛이 들어있다는 것이 신기하다.

"커피 맛이 어때?"

그이가 나의 대답을 재촉한다.

"스페셜티 커피 맞네요! 훌륭한데요?" 그이가 나의 대답에 한껏 만족스러운 표정을 지어 보였다. 한 잔을 위해서 원두를 갈고, 물을 끓이고, 수구의 물줄기를 조절하면서 동그랗게 내려준 그 융숭한 정성스러움으로 이미 충분히 특별한 커피이다. 게다가 그이와 함께 볕 드는 창가에 앉은 가장 편안한 온도가 아닌가.

휴일 햇살까지 함께 내려진 이 한잔도 그 봄날 금오산의 삼다수 커피처럼 특별한 커피다.

다 그런 거란다

 나무도 젖몸살을 앓는구나! 바람이 스치기만 해도 부르르 가지를 떨며 통증을 참아보려 애를 쓴다. 지난밤 꽃샘추위에도 쉽게 열이 내리지 않아 어둠 속에서 나무는 힘겹게 몸을 뒤척였을 것이다. 터뜨려져야 한다. 봉오리가 터져야 나무에 열이 내리고 뿌리 끝에서부터 올라온 수액이 어린잎을 밀어 올릴 수 있다.
 구례 체육관에서부터 천변을 걷기 시작했다.
 구례 읍내를 가로지른 서시천은 섬진강의 제1지류이다. 산동면에서 시작된 서시천 물줄기가 굽이굽이 흘러 섬진강으로 빠져나가는데 천변을 따라 해마다 봄이면 벚꽃이 화사하게 눈부시다. 올해는 예년보다 한참이나 늦었다. 꽃축제를 준비한다고 분주했을 지자체에서는 당황스러울 것이고 날을 맞춰 나들이 계획을 세운 사람들도 아쉽겠지만 그렇다고 몸살을 앓는 나무를 채근할 수도 없다.
 첫 아이를 낳았을 때 젖몸살이 심했다. 배가 고픈지 자지러지게 울어대는 갓난아기를 안고 젖을 물려보지만, 열꽃처럼 붉은 젖멍울은 부드러운 아기 입술만 닿아도 아득한 통증이 몰려왔다. 젖을 빨지 못하고 우는 아기를 안고 그저 나도 따라 울어버렸다.

아이를 낳아 품어 본 엄마는 안다. 젖이 불어도 나오지 않을 때 온몸에 열이 나고 열꽃처럼 붉은 젖멍울은 살짝만 스쳐도 머리끝까지 아득한 통증에 몸서리쳐진다는 것. 그러나 능궁하면서도 결국 아기에게 젖을 물려야 한다는 것을 말이다.

갓난아이는 엄마 젖이 나오지 않아 자지러지게 울어댄다. 나는 숨 쉬어지지 않는 통증에 입술을 깨물고, 내 엄마는 딸과 갓난쟁이가 안타까워 울음을 삼키셨다.

"엄마는 다 그런 거란다 얘야."

지난여름 손수 갈무리해서 따뜻하게 우린 해풍 쑥을 거즈 수건에 적셔 젖멍울 주위를 찜질해 주시면서 내 엄마는 나를 달래셨다.

'나만 이렇게 아픈 것이 아니구나. 이렇게 해야 엄마가 되는 거구나' 생각하니 위안이 되었다.

어느 순간 젖이 돌고 내 품에서 한껏 해사하게 잠든 아가를 내 엄마는 받아 안아 뉘어 주셨고, 그 곁에 함께 누운 내 머리를 말없이 쓸어 넘기셨다.

어느 하나가 신호하면 꽃망울들은 일제히 터질 것이다. 덩달아 가지들은 어린잎들을 밀어 올리고 계절은 삽시간에 봄이 된다. 모든 것은 그렇게 한꺼번에 온다. 봄날의 따스함과 햇살의 눈부심, 벚꽃의 화사함과 연초록의 사랑스러움과 사람들의 밝은 표정이 그렇다. 해사한 아가의 얼굴과 아가를 안고 행복했던 나른함과 내 엄마의 안도하는 순간이 그렇듯이.

서시천변의 서시교와 구만교 15km 사이의 어디쯤, 물오른 나무 하나가 숨을 멈추고 온 힘을 모으고 있다. 나도 함께 힘을 보태며 중얼거렸다.

"다 그런 거란다."

그 순간 한 송이 벚꽃이 톡! 하늘은 쨍!

벚꽃은 피는 것이 아니라 터지는 것이다. 막 터진 부드러운 꽃잎에서 아기 살냄새가 난다. 다붓다붓 꽃잎들이 터지고 나면 그 뒤로 작은 아기 손가락같이 사랑스러운 이파리가 펴질 것이다.

임경화

그의 옆으로 달이 따라오고
나의 여수 10경
그리운 여름 레시피
음식과 글쓰기

1969년 여수 출생

전남대 국어국문학과 졸업

현재 독서학원 운영

그의 옆으로 달이 따라오고

 퇴근이 늦은 날 밤에는 앞을 똑바로 보고 운전해야 하지만 여서동 쪽으로 들어서면 눈길이 자꾸 행인들을 곁눈질한다. 어두운 길가 곳곳에 있는 중년 남성들 때문이다. 그들이 어떤 표정인지, 무슨 이야기를 나누는지 혼자 상상해 보면서 피식 웃음이 난다. 예전에는 없던 버릇이다.

 1차 술자리를 마치고 2차를 가기 위해 길을 건너고 있는 것으로 보인다. 담배를 피우기 위해 잠깐 술자리에서 나왔는지 허공으로 흩어지는 연기를 나란히 바라보는 이들도 있다. 심각한 표정으로 이야기를 나누고 있는 남성들, 무거운 작업화를 끌고 배낭을 맨 채 휘청거리며 걷는 남성. 그들이 밤거리 곳곳에 있다.
 예전에는 술 때문에 흔들리는 이들을 보면 눈살이 찌푸려졌는데 요즘은 찌르르 마음이 울린다. 남편도, 남동생도, 아버지도, 친구들도 저렇게 퇴근 후 밤을 보냈겠지.

임경화

일을 끝내고도 집으로 바로 돌아가지 않는 중년 남성들. 그들에게는 직장에서 집으로 건너가는 완충지대가 필요해 보인다. 산업사회에서 사라져 버린 가부장의 사랑채가 휘황찬란한 불빛 아래 부활한 것일까. 낮 시간에 맺힌 속내를 동료와 친구에게 털어내고 감정의 이완을 거쳐야 비로소 집에 돌아갈 힘이 생기는 사람들. 공식적인 관계의 긴장 상태를 해체해 주는 심리적 유예 공간이 필요한 사람들. 의무와 당위의 그물망에서 벗어나 본래 자기를 찾으려는 섬세하고 애잔한 사람들. 오랫동안 한국의 중년 남성들 삶을 속속들이 보여주는 소설을 읽은 덕분에 이런 마음이 생긴 걸까?

달빛이 은은한 날, 소주에 취했는지 달빛에 취했는지 수줍은 얼굴로 첫사랑 이야기를 꺼내 놓은 P가 떠오른다. 〈메밀꽃 필 무렵〉의 허생원 같다. 족히 수십 번은 들었을 그 이야기를 처음 듣는 것처럼 맞장구쳐 주는 조선달 같은 친구가 있어야 제격인 첫사랑 이야기다. 더구나 어둑한 밤이고 적당한 취기에 마음이 아른해지면 삼박자가 잘 갖춰져 있는 셈이다. 장돌뱅이 삶을 마감하고 가족과 정착하려는 조선달과는 다르게 허생원은 이렇게 말한다.
"옛 처녀나 만나면 같이나 살까… 난 거꾸러질 때까지 이 길 걷고 저 달 볼 테야."
그가 결국 첫사랑을 만났는지는 알 길이 없으나 그가 가는 길 옆으로 늘 달이 따랐을 것이다.

허생원을 사랑하게 되니 예전에는 보이지 않던 문장이 새롭게 눈에 들어온다.

'장에서 장으로 가는 길의 아름다운 강산이 그대로 그에게는 그리운 고향이었다. 반날 동안이나 뚜벅뚜벅 걷고 장터 있는 마을에 거의 가까워 왔을 때 지친 나귀가 한바탕 우렁차게 울면 더구나 그것이 저녁녘이어서 등불들이 어둠 속에 깜박거릴 무렵이면, 늘 당하는 것이건만, 허생원은 변치 않고 언제나 가슴이 뛰놀았다.'

허생원이 진정 사랑한 것은 옛 기억이 아니라 뚜벅뚜벅 걷고 있는 오늘 하루였던 것일까? 이 시대 거리의 허생원들도 첫사랑을 말하지만 실은 들떴던 자신을 그리워하는 것일까? 밤의 거리에는 여전히 가슴 뛰는 인생을 살고 싶어 하는 중년 남성들의 꿈이 휘황찬란한 빛을 뿜어내고 있다.

빠르게 변해 가는 세태에 속도를 맞춰가면서도 포기하지 못하는 자기 세계를 한 줄기 빛으로 품고 있는 이도 있을 것이다. 〈소를 줍다〉의 동명이 아버지처럼.

소작농인 동명이 아버지는 농사를 너무 예술적으로 접근한다는 지청구를 들으면서도 끝내 자기 고집을 버리지 않는다. 밭고랑을 타더라도 줄을 띄워 한 치의 비뚤어짐을 허용하지 않았다. 못자리를 만들 때는 미장이처럼 흙손을 두고 무논에 꿇어앉아 반듯하게 만들어 나갔다. 그 모습을 답답해하는 아내와 다툼하게 되면 이렇게 큰소리친다.

"농새는 뿌려 노믄 지심 뽑고 솎아 주는 일이 반이고, 오가며 들여다 보는 재미가 반인디, 인자 뒤에는 눈에 나 고치재도 손 못

임경화

쓰네."
 기왕에 하는 농사, 기왕에 하는 일 아름답게, 예술적으로 하고 싶어 하는 동명이 아버지다. 세상 사람 누구 하나, 심지어 아내도 설득하지 못하지만 나 자신에게만은 떳떳하고 싶은 사람이 오늘도 그 거리에 있다.

 그들은 젊은 시절에 산업화와 민주화에 노력하여 성장과 안정을 이뤄낸 세대이다. 그만큼 자부심도 높고 오래된 꿈이 가슴 속에 출렁거리고 있다. 사춘기 소년 못지않게 중년 남성도 자아의 실현이 지상 목표라고 강변할 것만 같다. 문화센터에 악기나 그림을 배우는 중년 남성들이 그래서 몰리는 걸까?
 그들은 한 가정의 가장이자 아버지로서의 짐이 무겁다. 집에 있는 어린 것들을 지켜야 하는 그들은 굳센 척하느라 하루를 탈진한다. 하루 끝에 찾아가는 노래방, 술집, 스크린 골프장은 그들이 발견한 현대의 호곡장(好哭場)이리라.

 〈나비를 잡는 아버지〉의 바우 아버지는 마름 집 아들의 방학 숙제로 나비를 잡아다 주고 용서를 빌어야 하는 소작농이다. 생계를 위해서는 자신의 자존심을 버려야 한다. 소작을 떼이지 않기 위해 아들 대신 성치 않은 다리로 나비를 잡는 바우 아버지. 그런 아버지를 발견하고 아버지를 원망했던 아들 바우는 뜨거운 눈물을 흘리며 아버지에게 달려간다.

아버지의 술잔에는 고독한 눈물이 출렁인다. 그 술잔에 뒤늦게 참회와 회한의 눈물을 보태는 것은 자식들의 숙명인가. 생계의 벼랑 위에 서 있는 가장들이 진한 눈물을 술잔으로 희석하고 거리를 건넌다.

왁자한 자리를 마치고 집으로 돌아가는 그들 손에는 검은 비닐봉지가 대롱거린다. 봉지 따라 걸음도 흔들거린다. 아이스크림 가게와 제과점이 늦게까지 열려 있는 것은 중년 남성들을 위해서다. 어린 것들이 아이스크림과 빵을 기다리는 집으로 그들은 돌아간다. 노란 달이 흐뭇하게 비추고 있는 늦은 밤이다.

나의 여수 10경

　전국에서 손꼽는 관광지가 된 덕에 여수 시내 유명 식당에 가면 시에서 제공한 여수 10경 홍보 판을 심심찮게 볼 수 있다. 시에서 선정한 것이어서인지 유명 관광지 일색이지만 전통적으로 전해오는 여수 10경은 이것을 많이 강조한다.

　　고소대에 휘영청 떠오르는 달
　　만선의 고깃배들 돌아오는 경호도
　　은은한 저녁 종소리에 밤이 깊어 가는 한산사

　여수 특유의 활력과 고아한 아름다움이 느껴진다. 1937년에 선정되었다고 한다. 그 세월만큼이나 모든 게 달라졌고 여수 사람들의 사람살이도 변했다.

　나만이 간직한 여수 10경은 따로 있다. 첫 번째는 한재터널을 막 통과한 내리막길에서 바라보는 구 여수 시가지이다. 한재터널을 기준으로 여서동과 구시가지가 전혀 다른 표정으로 색다른 매력을 보여준다. 멀리 보이는 두 개의 큰 대교들 근처에서는 어판장의 고함과 만선을 기대하며 파도를 가르며 출항하는 고깃배들의 힘찬 엔진소리도 들리는 것 같다. 근처 남산시장에는 대처에 사는 자식들한테 보낼 해산물을 아이스박스에 포장하는 어머니들의 그윽한 미소가 보이는 것도 같다.

여수의 신산한 역사를 모두 지켜보았을 자산공원도 든든히 여수 시가지를 받쳐주고 있다. 객지로 먼 길을 갔다가 한재터널을 통과해야 비로소 여수에 왔다는 안도감이 드는 걸 보면 내 몸과 마음도 여수 일부가 된 지 오래다.

다음으로는 만성리에서 오천공단으로 돌아가는 언덕배기의 메타세콰이어길을 두 번째로 꼽는다. 이곳은 대개 소중한 사람들과 함께 간다. 아름다운 이 길에 있으면 함께 있는 우리가, 이 삶이, 이 시간이 소중하다는 감정이 생긴다.

가을의 갈색 길도 아름답지만 야들야들 새순이 돋아나는 새봄의 길도 대단하다. 언덕길에서 바라보는 만성리의 둥그런 해안선과 멀리 보이는 무역선들, 잔잔한 바다에 떠 있는 오동도까지, 절로 탄성이 나온다.

메타세쿼이아를 위시해 동백나무, 배롱나무가 만들어주는 그늘 밑에 서면 자연의 조용한 위로가 눈물겹기까지 하다. 최백호가 부산 해운대의 달맞이 언덕을 노래로 만들었듯 만성리 언덕도 누군가가 아름다운 노래로 만들어주었으면 좋겠다.

세 번째로는 돌산 평사에서 금천으로 올라가는 언덕배기를 나는 사랑한다. 이곳은 특히 겨울에 아름답다. 지금은 곳곳에 우후죽순으로 펜션단지들이 들어서서 아름다움의 시야가 좁아지고 시선은 불편해졌다. 개발 전, 막히지 않은 시선으로 바다와 산을 볼 수 있었던 시절 겨울 칼바람이 금천 언덕배기를 한 바퀴 휙 돌아갈 때의 그 아름다운 겨울 서정과 낭만은 잊을 수 없다.

해풍을 맞고 파릇파릇 돋아나는 금천의 겨울 시금치, 그 시금치를 단단히 품어 키워내고 있는 건강하고 붉은 돌산의 흙을 사랑한다. 세상의 어떤 삿된 기운에도 훼손될 수 없는 절대적 아름다움이 그곳에 존재한다고 믿는다. 빽빽하게 들어선 펜션들이 금천 언덕배기에 더 이상의 상흔을 남기지 않았으면 하는 바람이다.

네 번째로는 여수~순천 국도를 꼽는다. 자동차 전용도로가 생겼지만 순천 갈 일이 있으면 나는 일부러 국도를 택한다. 그 길에는 계절마다 피는 꽃들이 줄줄이 있어서다.

그중 최고는 배롱나무꽃이다. 율촌초등학교를 지나는 길에 이어진 배롱나무 길은 다른 데서는 보기 드문 하얀 꽃을 볼 수 있다. 오월에 피는 오동나무꽃은 신풍을 지나 율촌 들어가는 초입에 많다. 키가 얼마나 큰지, 넓은 오동나무의 잎만큼이나 그늘도 넓다. 이곳의 오동나무에 반해 오동나무꽃이 좋아져서 오동나무를 노래한 시만 골라 읽어본 적도 있다. 제철 음식을 찾듯 제철 풍경을 찾는 풍류객이 되어 이 꽃들이 피어날 때면 일부러 이 길을 따라 여정을 잡는다. 이 길에서 나는 꽃 피기를 기다리는 마음을 배웠다. 꽃잎이 떨어지고 잎이 지자마자 바로 그리워지는 여수~순천 간 국도의 꽃들이다. '삼백예순 날 하냥 섭섭해 우는' 마음까지는 아니더라도 벽(癖)에 가까운 뜨거운 마음이다.

　시내버스 2번 종점 차고지에서 출발하는 버스를 경도 오가는 배 위에서 보는 것도 순위에 들어간다. 넘너리에서 신월동 금호아파트 밑으로 휘도는 그 길의 모습과 야트막한 능선이 제일 아름다울 때는 뉘엿뉘엿 노을이 질 때다. 그 능선은 숨을 멎게 한다.

"이 삶에 감사하라!"

"너는 또 새로워지고 있다!"

　두근거리는 마음을 진정하려고 잠시 바다로 눈을 돌릴 때면 배 위를 나는 갈매기들이 이런 노래를 나에게 불러주는 것 같다.

　5월 찔레꽃이 한창일 때는 군내리에서 성두마을 가는 길을 찾아가야 직성이 풀린다. 예전에는 이 길에 큰아버지 산소도 있었다.

　어쩌다 찾아오면 / 잔디풀, 도라지꽃 / 주름진 얼굴인 양, 웃는 눈인 양 / "너 왔구나?" 하시는 듯 / 아! 아버지는 정다운 무덤으로 산에만 계시네.

　아동문학가 이원수 선생의 시 '아버지'가 떠올라 찔레꽃을 실컷 본 후 돌산 향교 막 지나는 산등성이에 큰아버지 무덤을 찾기도 했다. 지금은 선산의 봉안당으로 모셔져 있어서 화태대교 쪽 바다를 쳐다보며 큰아버지를 그리워한다.

　그 외에도 유년 시절 내 모든 추억의 첫 수원지요, 내 삶의 세 번째 스승인 백야도 이모부가 '정다운 무덤'으로 잠들어 계신 백야도, 시인 네루다가 한동안 기거하면서 시를 썼다는 칠레의 한적한 마을 '이슬라 네그라'를 상상하게 만드는 성두마을 초입의 바닻가 절벽과 언덕, 접시꽃 보러 갔던 돌산 계동 마을이 나의 여수 10경에 오르는 곳이다. 여수를 떠나 있는 내 사랑하는 친구들이 그리울 때면 함께했던 이곳들로 당장 달려가 그리움을 달랜다.

 내 고향 여수. 이곳에서 나는 많은 것을 배웠고 많은 사람을 만났으며 많은 일을 겪어냈다. 나를 품어주고 길러준 이 산천을 어찌 사랑하지 않으랴. 상처 많은 역사마저 감당해낸 내 고향 여수! 나는 탐험가로, 유목민으로 여수의 진경을 찾으러 골목골목을 누비며 여수의 아름다움을 해석하는 발걸음을 멈추지 않겠다.

그리운 여름 레시피

마트에서 장을 보고 나올 때마다 장바구니에 빠지지 않고 들어 있는 채소가 있다. 호박과 감자다. 특히 호박은 여름 반찬에 빼놓을 수 없는 음식 재료여서 냉장고에 남아 있는데도 굳이 채워온다. 호박은 달큰하고 부드러운 맛이 좋아 조림에도 넣고 나물로도 만들어 즐겨 먹는다.

여름 먹거리 중에는 호박만 한 것이 없다. 백석 시인이 '선우사'에서 흰밥과 가재미를 미덥고 정답고 좋은 친구로 여겼듯 나는 여름에 호박을, 겨울에는 시금치를 좋은 친구로 여기고 있다.

여름에 음식을 조리할 때는 예전 시어머니의 부엌이 떠오른다. 어머니 부엌에는 에어컨이 없었다. 오래된 주택이다 보니 천장이 낮아 창문을 열면 가스레인지에서 올라오는 열기 때문에 오히려 뜨거운 바람이 부엌에 꽉 들어찼다.

그곳에서 늙으신 어머니와 이제 막 결혼한 젊은 며느리가 땀을

임경화

삐질삐질 흘리며 저녁밥을 지었다. 결혼 전까지는 부엌 근처에도 안 가고 친정엄마에게 모든 빨래를 미뤘던 나는 시어머니가 음식 하는 모습을 경이로운 눈으로 지켜 보고 배워갔다.

식탁 위에 있던 감자, 호박, 생선 등이 어머니의 손에서 뚝딱뚝딱 맛깔스러운 반찬으로 변하는 모습이 경이롭고 재미있었다. 지금도 나는 음식 만들기가 그런 점에서 좋다.

결혼하고 7년 정도 어머니는 우리 곁에 있다가 하늘로 떠나셨다. 토요일이면 아이를 데리고 시댁엘 갔다. 시어머니, 시아버지와 두 분이 키우는 어린 손주 둘이 외로이 시댁을 지키고 있었다.

아들 내외가 오는 날만을 기다리며 일주일을 보낸 시어머니는 토요일이 오기 전 장을 보러 서시장으로 나갔다. 막내아들이 좋아하는 서대, 양태, 장어 등을 크고 싱싱한 놈으로 골라 아낌없이 돈을 썼다.

다른 데는 허투루 쓰지 않은 분이 음식 재료만큼은 가장 좋은 재료, 가장 비싼 재료를 샀다. 며느리 눈에는 젊은 시절 여장부로 가정을 책임져 온 어머니의 세월이 짐작되었다. 쇠락해진 현재의 살림을 비싸고 좋은 음식 재료로 덮고 싶었던 어머니의 자존심이었을까.

여름에 시어머니는 서대 반찬을 자주 해주었다. 서대회도 굉장했지만 최고의 별미는 서대 조림이었다. 시아버지와 남편, 가족 모두 좋아하는 반찬이었다. 감자를 썰어서 냄비 바닥에 깔고 그 위에 살이 통통 오른 제철 서대를 올린다. 대파도 크게 썰고 양파도 듬뿍듬뿍 썰어서 올리고 양념을 끼얹어 팔팔 끓인다. 여기까지는 다른 집 레시피와 다를 바 없다. 국물이 바짝 졸아들 때까지 계속 졸이는 것이 어머니만의 비법이다.

냄비 바닥에 깔린 감자를 거의 타기 직전까지 졸여서 국물이 생기지 않게 했다. 그걸 흰밥과 함께 식탁 위에 올리면 가족들 젓가락이 바빠진다. 타기 직전까지 졸여진 감자는 짭조름하고 달큰한 맛이 좋아 밥을 자꾸 부른다.

호박은 신선한 새우살을 넣어서 나물로 해주었다. 냉동 마늘은 절대 쓰지 않던 어머니는 모든 음식에 들어가는 마늘을 그때그때 빻아서 마늘 향이 음식에 충분히 퍼지도록 했다. 프라이팬에 콩콩 빻은 마늘을 식용유 살짝 두르고 볶은 다음 새우 살을 넣고 물을 자작하게 붓는다.

새우의 감칠맛이 국물에 배어 나오면 채 썬 호박을 얹어 살짝 익힌다. 너무 약하게 익히면 호박의 비릿한 풋내가 나고 너무 많이 익히면 사각사각 씹히는 맛이 덜하니 시간을 잘 조절해야 한다. 투명한 빛이 살짝 보일 때 불을 꺼서 잔열로 익히는 것이 어머니의 현명한 호박나물 마무리 비법이었다.

어머니가 해준 여름 보양식 중에 최고는 깨장어탕이었다. 싱싱한 깨장어를 살짝 말려놨다가 시래기를 듬뿍 넣고 끓였다. 시래기에 된장을 조물조물 문질러 간을 해놓고 받아놓은 쌀뜨물을 붓는다. 들깻가루도 듬뿍 넣어 폭폭 한소끔 끓인 후 송송 썬 청양고

추를 올려서 뭉근하게 끓여 내면 완성이다.

어머니는 국물을 끓일 때는 반드시 쌀뜨물을 사용했다. 된장국, 미역국, 장어탕 모두 예외가 없었다. 쌀뜨물의 뽀얀 빛이 내 눈엔 생경함과 신성함을 품은 빛이었다. 조왕단지를 모셔 놓은 부엌이었으니 쌀뜨물을 버리지 않는 건 오래된 어머니만의 질서와 의식이었을 거다.

국물에 생수를 붓는 것과 쌀뜨물을 붓는 건 천양지차였다. 여사제가 의례를 준비하듯 쌀뜨물을 받았다가 식구들 식사를 준비하는 것은 숭고해 보였다. 뽀얀 쌀뜨물에 어머니만의 세계가 구현되던 부엌이었다.

음식 맛있기로 칭찬이 자자한 어머니도 애용하는 조미료가 따로 있었다. 바로 미원이다. 미역국이나 매운탕, 장어탕 모두 예외가 없었다. 생각보다 맛이 안 나면 미원을 한 움큼 국자에 따라서 국그릇에 휘휘 젓는 걸 보았다.

처음 그 모습을 본 나는 기함을 했다. 화학조미료에 대한 거부감이 학습되어 있었던 내가 어떻게 그걸 그냥 넘어가겠는가? 하지만 한번 두번 먹다 보니 나도 어느새 그 맛에 길들었다. 요즘 나도 매운탕 등 고난도 음식을 할 때는 최후 수단으로 화학조미료를 죄책감 없이 애용하는 중이다.

어머니는 그 시대 할머니 할아버지들이 그랬듯 우리한테 "너희를 사랑한다", "너희가 너무 소중하다."라는 말을 한 번도 한 적이 없다. 대신 우리가 갔을 때마다 극진한 밥을 차려 주었다. 사랑을 받는 줄도 모르면서 우리는 사랑을 받았다.

가족들에게 밥을 해주고 나면 정작 당신은 식구들이 떠난 식탁에 앉아 고추장을 꺼내 상추쌈으로 식사를 했다. 철없던 나는 쌈장이 아니라 고추장에도 상추쌈을 드시네 하면서 신기해했다. 비위가 약한 어머니인지라 생선 같은 비린 것을 끓이는 것이 버거운 일이었다는 것을 이제야 알았다. 몸이 아픈 어머니가 밥상을 차리는 것이 얼마나 힘든 일이었는지 알아차리는 데는 20여 년의 세월이 필요했다.

어머니의 밥을 먹고 자란 조카 둘은 어느덧 결혼해서 행복한 가정을 꾸리고 살아가고 있다. 그 아이들은 비로소 알 것이다. 우리가 얼마나 많은 사랑을 받고 자랐는지를. 어머니가 매일 매일 일구어낸 일상의 평화와 행복이 얼마나 소중한 것이었는지를. 나 역시 지금 이 글을 쓰면서 뒤늦게 어머니의 사랑과 정성을 알아차렸다. 어머니의 여름 레시피가 너무 그립다.

임경화

음식과 글쓰기

 시집을 볼 때 목차에서 가장 먼저 찾아 읽는 시는 나무, 꽃을 노래한 시이고 다음은 음식을 노래한 시이다. 문태준의 '논산백반집', '주먹밥'과 안도현의 시집 〈간절하게 참 철없이〉는 애지중지 간직할 정도다.

 이 분야에선 백석이 최고라는 것이 나만의 생각은 아닐 것이다. '이 히수무레하고 부드럽고 수수하고 슴슴한 것'이라는 문장은 해금 조치 이후 백석이 처음 소개될 때부터 지금까지 얼마나 많은 이들을 사로잡았던가. '선우사'에서는 흰 밥과 나와 가재미가 세상 가장 좋은 친구라니 과히 요즘 말로 음식과 시에 진심인 백석이다. 그의 시 '여우난골족'에 만약 '인절미 송구떡 콩가루 차떡의 내음새'와 '무이징게국을 끓이는 맛있는 내음새가 올라오도록 잔다'는 부분이 빠진다면 이런 절창이 완성되었을까?
 음식이 빠진 잔치는 생각할 수 없고 생업과 일상의 풍경을 가장 잘 보여주는 것이 음식 아닐까. 추상적인 전언만으로 가득 찬 글 속에 음식을 묘사한 문장이 삽입된다면 단박에 생생한 글이 될 가능성이 생긴다. 글 쓰는 과정과 태도는 음식을 만드는 그것과 많은 점이 닮은 것 같다.

우리 집 아이들이 아직 어렸을 때 나도 초보 주부라 주로 소시지 채소볶음, 계란찜 같은 난이도 최하위 수준의 음식을 낑낑거리며 차려 식탁에 올렸다. 어느 날인가 미처 장을 보지 못해 마땅한 재료가 없어서 냉장고에 남아 있던 음식 재료로 간단한 음식을 만들고 난 후 그 과정을 글로 써본 적이 있었다.

'뜨겁게 달군 프라이팬 위에 올리브유를 살짝 둘러 착착 썬 마늘을 올린다. 타다닥 기름 튀기는 소리를 들으며 마늘이 살짝 노래지면 햇양파와 당근을 볶아낸다.'

간단한 음식 만들기를 글로 쓰니 근사한 문장이 탄생했다.

음식을 만들 때 들이는 정성과 노력이 글쓰기에도 그만큼이고 음식을 만드는 마음이 글을 쓸 때 마음과 다르지 않다. 뜨끈뜨끈한 밥 한 그릇, 멸치와 다시마를 우린 육수에 된장을 풀어 애호박, 버섯, 두부를 넣고 팔팔 끓여 낸 된장국, 뜨거운 프라이팬에 식용유를 둘러 휘휘 달걀을 풀어 돌돌 말아 부쳐낸 계란말이. 삶을 담은 글쓰기가 예술이 되듯 음식 만들기도 글로 쓰면 한 편의

임경화

예술이 된다. 나만의 된장국, 계란말이 요리법을 생생하게 묘사하여 글로 쓰면 우리 삶의 속성과 본질을 무엇보다 잘 보여주는 글이 될 수 있을 것이다.

음식 만들기와 글쓰기의 가장 큰 특징은 고유성인 것 같다. 이 세상에서 오직 나만이 만드는 음식, 이 세상에서 오직 나만이 쓸 수 있는 글. 이것이 삶의 고유성과 직결된다. 삶의 모습이 똑같은 사람은 세상에 아무도 없다. 조리법이 똑같아도 똑같은 음식은 아니다. 오늘 했던 음식을 내일 다시 한다 해도 같은 음식은 아니다. 글을 쓸 때도 누구나 할 수 있는 말, 하나 마나 한 말을 쓰는 것을 경계해야 하는 것처럼 음식 역시 오직 나의 손맛으로 만들어내는 가장 고유한 창조 행위이다.

예전에 교회 권사님들이 모여서 각자 김장한 이야기 나누는 걸 옆에서 들었다. 화려한 요리 비법들이 마치 무공을 세운 장군들의 무용담처럼 들렸다. 단맛을 내기 위해 홍시를 넣는다는 이야기까지 세상에 이렇게나 다양한 김장 요리법이 있다니 새삼 놀랐다. 오직 나만이 쓸 수 있는 고유한 글, 오직 나의 손맛으로 만든 고유한 음식.

냉장고에 쌓여있는 음식 재료가 바로 음식이 되지 않는 것처럼 글쓴이의 경험이 바로 글이 되지는 않는다. 오이, 양파, 고춧가루, 참기름 같은 평범한 음식 재료가 나의 손맛으로 먹음직스러운 오이무침이 탄생하는 것처럼 별거 없는 시시한 일도 쓰는 이의 관

점과 해석 능력으로 근사한 글이 만들어진다.

조물주의 경지를 매일 매일 체험할 수 있는 곳도 우리 각자의 부엌이다. 생선, 채소 등 준비된 음식 재료를 싱크대에 올려 깨끗이 씻고 다듬고 데치고 볶고 조리고 튀기고 볶아서 마침내 정갈하게 담아본 사람이라면 충분히 공감할 것이다. 완성 후의 뿌듯함도 크지만 손을 움직이고 몸과 마음을 집중시키는 그 행위 자체에서 느껴지는 희열이 가장 큰 즐거움이다. 국물이 흘러넘치거나 새까맣게 태우는 실수를 범할 때도 있다. 때로는 조물주도 실수한다.

음식을 만들 때마다 좀 더 맛있게 하고 싶어 조미료나 감미료 등을 첨가하고 싶은 유혹을 떨쳐버리기가 쉽지 않다. 과도한 자기애(自己愛)를 글쓰기에서 버리기 어려운 것처럼 말이다. 그래서 음식과 글쓰기에 필요한 수학 공식은 더하기가 아니라 빼기이다. 담백하면서 깊이 있는 글, 명료하지만 아름다운 글들은 여러 날 말을 섞고 보태서 만들어지는 것이 아니라 오히려 버리고 또 버려야 만들어진다. 음식 명인들이 조미료를 과도하게 넣는 경우를 본 적이 없다.

글쓰기와 음식 만들기의 치유성도 빼놓을 수 없다. 나의 오감을 동원하여 조물조물 무치고 냄새 맡고 맛보는 행위는 육체의 주인이 나임을 확인하는 역동적인 과정이다. 병원에 길게 입원해 있던 선배한테 퇴원하면 가장 먼저 하고 싶은 일이 뭐냐고 물었더니 시금치나물을 조물조물 무치고 싶다고 해서 한참 웃었던 일이 있다. 일하면서 건강한 육체의 힘을 스스로 느끼고 싶은 것은 본능에 가까운 것 같다. 외롭고 슬플 때 글을 쓴다고 고통이 해결되지는 않는다. 그러나 글을 쓰고 있는 나 자신을 본다면 그 생명력을 확인하면서 자가 치유를 경험하게 될 것이다. 한 줄 한 줄 써 내려가는 문장이 나를 치유하고 나를 살린다. 나와 내 삶을 살리는 살림의 최고 행위는 음식 만들기요 글쓰기이다.

> 변산 모항 쪽에 눈 오신다 기별 오면 나 휘청휘청 갈까 하네
> 귓등에 눈이나 받으며 물메기탕 끓이는 집 잦아갈까 하네
> -안도현 '물메기탕'
> 병어회 먹을 때는 꼭 깻잎을 뒤집어 싸먹어야 한다고,
> 그래야 입안이 까끌거리지 않는다고
> -안도현 '병어회와 깻잎'

음식에 대한 글을 큰 소리로 읽는 것만으로도 위로와 치유가 된다.

이승애

이 밤에 나는 눈을 밟는다
오늘 밤, 나를 달빛에 물들인다
빈집에 찾아온 손님
당신은 모든 사랑과 이별의 아픔을 들려주었다

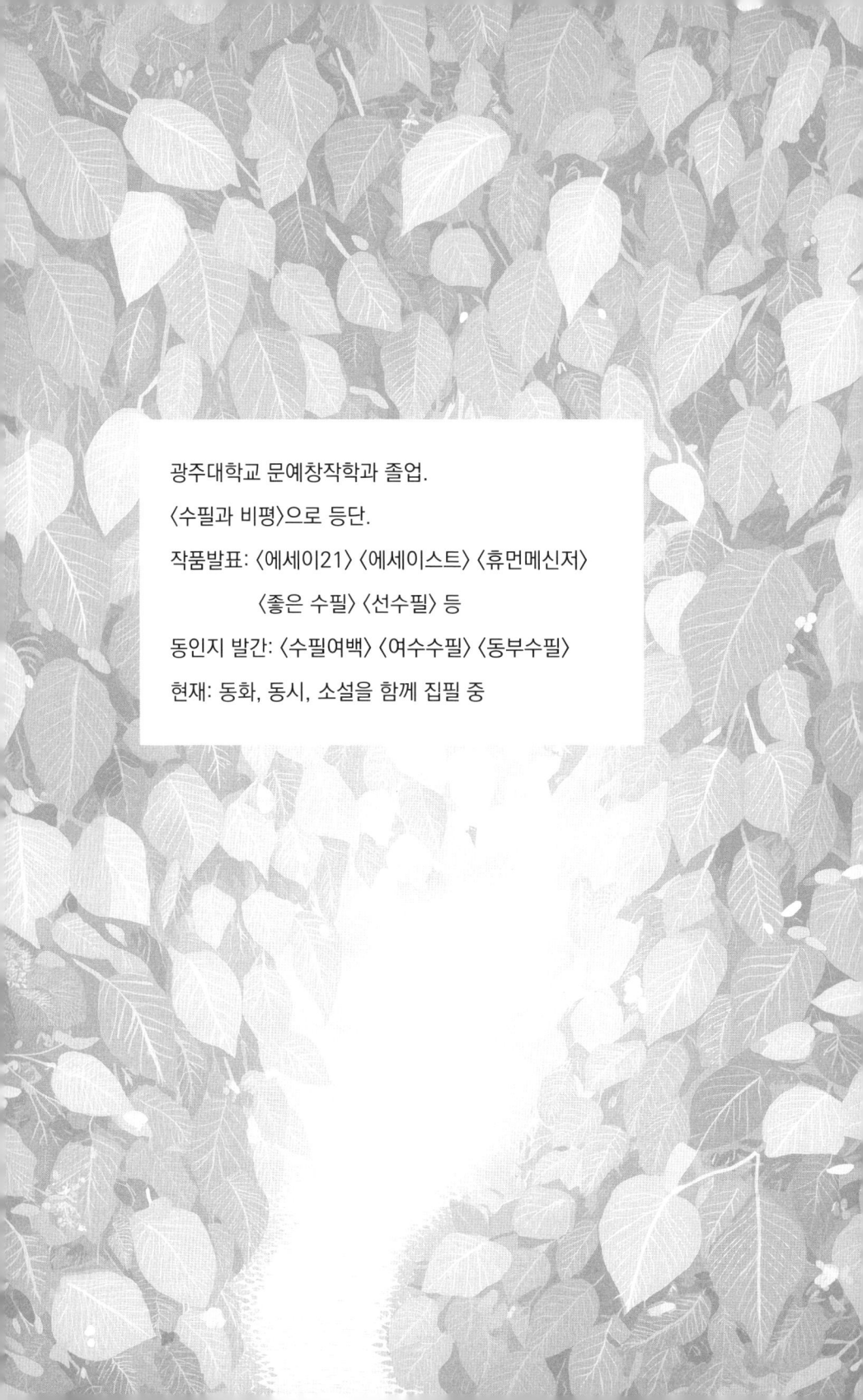

광주대학교 문예창작학과 졸업.
〈수필과 비평〉으로 등단.
작품발표: 〈에세이21〉〈에세이스트〉〈휴먼메신저〉
〈좋은 수필〉〈선수필〉 등
동인지 발간: 〈수필여백〉〈여수수필〉〈동부수필〉
현재: 동화, 동시, 소설을 함께 집필 중

이 밤에, 나는 눈을 밟는다

내가 왜 겨울밤에 길을 나섰을까.

입고 나온 얇은 외투 깃을 올린다. 목도리를 하고 나왔으면 따뜻하지 않았을까. 눈이 쌓인 곳을 밟을 때마다 마음이 춥다. 나는 갈 곳을 정하지 않는다. 저 멀리 은행나무들이 가지마다 눈을 받쳐 든 채 서 있다. 자동차들도 멈춘 지 오래다. 나도 잠시 멈춘 눈발처럼 서서 청승맞은 겨울밤 외출일까 생각해 본다. 긴 겨울밤, 잠을 좀 늦게 자도 좋을 듯하다. 호주머니 속에 넣은 두 손이 더 이상 감각이 없다. 그래도 걸어가길 포기하지 않는다.

어떤 어르신이 걸어가다 말고 흘끗흘끗 뒤돌아 나를 바라본다. 그러다 몸을 돌려 소리친다.

"처자! 이 겨울밤에 어디를 그렇게 급히 가시오?"

'……'

몸을 움츠린다. 목덜미가 차가움을 견디지 못한다. 외투의 깃을 잡아당겨 목을 감싸보지만 풀려서 나풀거리기 일쑤다. 그냥 내버려 둔다. 나이를 먹어 가면서 목도리를 걸쳐본 게 언제였을까.

 어릴 적 목에 둘렀던 목도리가 그립다. 털실로 듬성듬성 짜낸 곳에 나비 천 조각이 붙은 목도리였다. 그 목도리는 겨울이 지나도록 친구들이 과자와 바꾸자고 졸라댔다. 어느 겨울날이었다. 여객선을 타고 섬으로 가고 있을 때였다. 목도리를 풀어 갈매기를 향해 흔들었다. 그러다 그만 목도리는 여객선이 품어내는 포말 속으로 따라 들어갔다. 참으로 많이 울었다.

 눈발은 그칠 줄 모를 기세다. 내 머리카락에 달라붙어 기어이 함께 가겠다고 고집을 피운다. 겨울밤, 이렇게 좋은 동행이 또 있을까. 저 멀리 보이지 않는 어둠 속에서 길고양이 울음소리가 들린다. 소름이 돋는다. 급히 왼쪽으로 발길을 돌려 환한 불빛을 향해 걷는다. 사람들이 길을 가득 채운 밤길이다. 눈발은 더욱 폴폴 내리건만 이 밤, 사람들은 즐겁기만 하다. 사람들이 감고 있는 목도리를 유심히 올려다본다. 하얀색, 빨강, 초록 그리고 또 검은색이다.
 환하게 불을 밝힌 어느 옷가게 앞에서 발길을 멈춘다. 마네킹 옆에 놓여 있는 군청색 목도리를 가만히 내려다본다. 마네킹이 입고 있는 옷과 잘 어울린다.
 맞다. 몇 해 전 겨울이었을까.
 나는 군청색 목도리를 딱 한 번 목에 두른 적이 있다. 키가 작은 그 사람은 군청색 목도리를 하고 왔다. 나는 그 사람과 나란히 걷다가 자주 목도리를 올려다봤다. 카페에서도 목도리를 벗지 않았던 그 사람. 커피를 마실 때마다 목이 더 따뜻하게 보였다. 목도리에 가려진 그 사람의 둥근 턱이 자꾸 보고 싶었다. 어쩌다 그 사람이 손으로 목도리를 고쳐 맬 때면 풋풋함까지 느꼈다.

커피숍을 나설 때였다. 그 사람은 군청색 목도리를 풀어내 목에 둘러 주었다. 선물이라고 했다. 그러면서 자신을 잊지 말라는 듯 목도리까지 고쳐 매어줬다. 나는 목도리를 매고 해변을 걸었다. 언덕에 서서 노을이 지는 풍경도 바라보았다. 겨울바람이 지나가는 숲에서 그를 생각하며 목도리를 풀어 만져보았다.

지금 환히 불 밝히고 있는 옷가게 주인은 목도리를 좋아하나 보다. 해마다 빠뜨리지 않고 군청색 목도리를 진열해 둔다. 그런데 이번엔 꽃무늬 목도리 하나가 곁에 가지런히 놓여 있다. 두 목도리는 꼭 부부처럼 다정하게 보인다.

내 옷장 속에 걸어둔 군청색 목도리를 떠올린다. 옷가게에 놓여 있는 목도리와 꼭 닮았다. 문득 군청색 목도리를 선물한 그 사람을 떠 올린다. 전화를 걸어 볼까 망설이다가 옷가게 안을 더 보기로 한다. 저렇게 나란히 놓여 있는 목도리는 누가 사 갈까. 어느 다정한 부부가 손을 맞잡고 와서 서로의 목에 걸쳐주며 사 가는 걸까. 고개를 든다. 몸을 돌려 길가에 서 있는 후박나무를 바라본다. 그 사람처럼 키가 작은 후박나무는 잎마다 설핏설핏 하얀 눈을 올려두고 있다. 잎들은 겨울바람을 맞아 군청색 목도리를 두른 것처럼 변해 있다.

그만 집으로 돌아간다.

중요한 일을 끝마친 사람처럼 집을 향해 씩씩하게 걷는다. 하지만 신발에 눈이 달라붙어서일까. 발길은 자꾸 터덜거리기만 한다. 택시 한 대가 내 앞에 멈춘다. 두 손을 잡은 부부가 꼭 닮은 빨강 목도리를 두른 채 내린다. 그 부부를 바라보다 괜히 눈물을 흘린다.

이젠 한쪽 발을 다친 산짐승처럼 눈길을 걷는다. 그러고는 이별 하나를 기억해 내고 울컥 울음을 삼킨다. 두 어깨와 발등이 시리다. 아픔을 그냥 아픈 데로 내버려 둔다. 이 겨울밤이 지나면 없어지겠지. 나도 이젠 이별한 일에 정을 줘봐야겠다고 마음을 다독인다.

집을 몇 걸음 남겨두고 멈춘다. 길고양이 한 마리가 나보다 먼저 아파트 출입구 문 안으로 들어선다. 문을 애서 좀 더 넓게 벌려 둔다. 방으로 들어가 얼어붙은 몸을 빨리 녹여야겠다고 생각한다. 하지만 나는 왜 계속 눈발이 날리는 겨울밤을 바라보며 서 있는 걸까.

문득, 가까운 거리와 좁은 공간, 먼 거리와 넓은 공간을 생각한다. 그 넓은 공간에도 눈은 가득 쌓이겠지. 괜히 발로 눈을 한 번 걷어찬다. 눈은 겨울밤을 잠들게 하고 나는 내 마음을 잠들지 못하게 한다.

오늘 밤, 나를 달빛에 물들인다

달구경을 하려고 마당으로 나간다.

이 밤에 나는 찾아갈 이웃도 없다. 산중에 해가 기울 때부터 달을 보려고 애쓴 것만 기억한다. 두꺼운 점퍼까지 입은 몸이 갑갑하지만 참는다. 손에 힘을 주어 방 문고리를 세게 밀어낸다. 고요한 산중이 방문 열리는 소리 때문에 요란하다. 달이 밝은 밤은 내가 사랑을 하고 싶은 밤이다. 땅 위에서 자라나는 모든 것과 사람이어도 좋다.

어두운 앞산을 바라보며 숨을 깊이 들어 마신다. 나무들이 아직 잠들지 않고 까불대는지 밤바람이 세어진다. 마당에 발을 내디딘다. 뒷산 소나무 위에 걸려 있는 보름달이 환하다. 바로 내가 바라보고 싶은 달의 모습이다. 비행기 한 대가 불빛을 반짝거리며 달을 지나간다. 이 밤, 산중에서 지나가는 비행기를 보며 인기척을 느낀다. 비록 하늘 아래에서 날아가는 사람들이지만 만남이 즐겁다. 선명해진 달빛을 오래도록 올려다보려고 애쓴다. 마당 한

쪽에 있는 커다란 바위 위에 올라앉는다. 이 밤의 고요가 참으로 다행이다.

내가 알고 있는 한 농부가 있었다.
그 농부는 봄부터 가을까지 밤마다 마당에 텐트를 쳤다. 달밤에 밤늦게까지 들려오는 풀벌레 소리를 듣기 좋아했던 농부였다. 어느 날, 그 농부가 나를 불렀다.
"방에서 나와 달을 좀 올려다보지 않겠니?"
달은 뒷산 소나무 가지에 걸려 환한 호롱불을 밝혀둔 것 같았다. 소나무 가지 위에 앉아 있는 부엉이의 모습까지 보였다. 달이 뒷산 소나무 가지에서 막 벗어날 때였다. 먹구름에 가려진 채 달은 둘로 나누어졌다. 달 한쪽을 내가 차지했다. 나머지 한 쪽은 그 농부가 가졌다. 그런데 문득 그 농부는 자기가 가지고 있던 달 한 조각을 내게 내밀었다. 마침 달이 먹구름 속에서 벗어나 둥글고 환해졌다. 그때 나는 어렸지만 세상 모든 사랑을 알았다.

오늘 밤도 달이 그 농부와 함께 있을 때처럼 밝아서 좋다.
자리에서 일어나 산짐승처럼 깡충거린다. 하지만 예전처럼 달빛 속에서 빛나던 검은 날개는 보이지 않는다. 그 많던 부엉이들은 어디로 간 걸까. 아름드리 소나무를 아직 볼 수 있는 것만이라도 다행으로 여긴다. 이제는 만나지 못할 그 농부가 텐트를 쳤던 곳을 본다. 비파나무가 자라나 자리를 차지하고 있다.
산짐승 한 마리가 가까이 다가오고 있다. 익숙한 목소리다. 나는 자리에서 벌떡 일어선다. 처마 밑에 밝혀둔 두 개의 전등불을 끈다. 앞뒤 마당이 어둠 속에 묻힌다. 나는 더 선명해진 달빛 속에 놓인다.

문득 대문을 가리지 않았다고 생각한다. 돌담이라 아직 대문을 만들지 못한 것을 후회한다. 철제 하나 기대어 놓은 대문을 바라본다. 산짐승은 불쑥 들어오지 말아야 할 텐데….

때마침 달은 대문을 곧바로 비춰준다. 쓸데없이 자꾸만 대문을 바라본다. 어둠을 좋아하는 짐승이겠지. 뒷마당에서 부스럭거리는 소리가 난다. 혼자 무서움을 느끼다가 달의 힘을 빌린다. 눈을 크게 뜨고 살금살금 걸어오는 산짐승을 바라본다. 노란색에 밤송이처럼 털을 세운 삵이다. 지금껏 한 번도 본 적이 없는 녀석을 어떻게 마주해야 할까. 세상이 변한 만큼 산중의 짐승들도 변한 것일까. 삵을 위해 마당 한쪽에 놓여 있는 커다란 바위 뒤로 몸을 숨긴다.

달빛을 밟아 가며 삵이 마당을 돌아다닌다. 댓돌 위에서 불이 켜진 방문을 경계하며 서 있다. 내 그림자가 달빛을 통해 보일까 걱정한다. '안녕, 괜찮아

마음 편하게 있다가 가렴.' 마음속으로 삵에게 말을 건다. 내 집이 참 마음에 드는 모양이다.

그런데 이 달밤에 큰일이 나고 만다.

목청을 높이고 다가오던 산짐승이 대문 안으로 들어온다. 철제 대문이 시끄럽게 무너진다. 어쩌면 좋을까. 도망가는 삵을 떠나보내고 새로운 벗을 맞이한다. 바위 뒤에서 살며시 고개를 내민다.

가을바람에 잘 말려내고 싶어 깎아 놓아둔 고구마를 바라본다. 고구마는 달빛 속에서 하얀 살을 드러내고 있다. 오라, 고구마를 탐냈구나. 깜박 잊고 걷어두지 못한 내 식량을 나눠 먹어야 할 시간이다.

"웨-엑! 웨-엑!"

저런, 새로운 벗은 참으로 울음소리도 시끄럽다. 바위 옆으로 살며시 고개를 내밀고 고라니를 본다. 고구마를 남기지 않을 것 같다. 나는 그만 모른 척 바위를 등지고 앉는다.

다시 그 농부를 생각한다.

그 농부는 오늘 밤 같은 달밤을 몇 번이나 맞이했을까. 그러다가 마음속에 어떤 그림을 그려둔 채 떠났을까.

그 사람은 저물어가는 달빛도 사랑했다.

내가 앉아 바라보는 돌담에 그늘이 진다. 달을 올려다본다. 좀 더 서쪽으로 자리를 옮겼다. 자리에서 슬그머니 일어선다. 귀가 밝은 고라니 녀석이 고구마 먹기를 중단한다. 그러고는 대문 밖으로 재빨리 사라진다. 발굽 소리가 점점 멀어진다. 내 식량이 얼마나 남았을까 다가가 본다. 보자기가 뒤집힌 채 접혀 있다.

나는 몇 개 남아 있지 않은 고구마를 마당에 던져놓는다. 내일 찾아올 산짐승은 어떤 녀석일까. 고구마 한 조각 삼키며 달밤의 내 벗이 되어주길 바란다. 나는 다시 바위에 앉아 마냥 기울어져 가는 달을 올려다본다.

빈집에 찾아온 손님

오늘도 시골집으로 왔다.

대문을 들어서자 마당 한쪽에 파인 흙구덩이가 눈에 띄었다. 내가 없는 사이 또 산짐승이 다녀갔구나. 이번에 빈집을 찾아온 산짐승은 어떤 녀석이었을까. 매번 시골집을 방문할 때마다 기다리는 시간이 돌아왔다. 흙구덩이를 내려다보며 발자국과 깃털 하나라도 놓치지 않으려고 애썼다. 오목한 흙구덩이 앞에서 햇볕을 쏘인 꿩을 생각했다. 돌담을 쉽게 넘어왔던 날개깃 하나가 내 눈길을 피해 가지 못했기 때문이다. 이 산마을에 사는 산짐승들은 빈집이 마음에 드는 것일까. 그렇다고 무작정 산짐승들에게 세를 내주며 살지는 못하지, 싶었다.

찬장에 넣어 두었던 말린 진달래꽃잎을 꺼냈다. 꽃차를 내려 두고 댓돌 위에 서서 먼 산을 바라보았다. 그때 묵정밭에서 꿩 한 마리가 요란하게 울었다. 순간 방안으로 몸을 숨겼다. 어쩐지 꿩이 날개를 푸드덕거리며 마당으로 내려앉을 것만 같았다.

방안에서 꽃차를 가만가만히 마셨다. 혹시라도 꽃차를 마시는 소리가 밖으로 새 나갈까 봐 걱정했다. 의자에 몸을 깊숙이 묻고 발을 까닥거리며 귀를 열었다. 음악을 틀까 생각했지만 그만두었다. 산짐승을 기다리는 일은 쉽지 않았다. 문득 내 곁의 빈자리가 쓸쓸했다. 사람을 그리워하는 일과 산짐승을 만나는 일이 똑같은 기다림이라는 생각을 했다. 꽃차를 좀 더 비워냈다.

다시 꽃차를 한 모금 더 마셨을 때였다. 바람이 세게 불어오는 줄 알았다. 하지만 곧바로 '꿩! 꿩! 꿩!' 울음소리가 마당을 울렸다. 깜짝 놀라 꽃차를 쏟고 말았다. 손바닥이 뜨거웠지만 꾹 참았다.

손가락에 침을 묻혀 창호지에 살며시 구멍을 냈다. 문구멍 밖으로 꿩을 봤다. 사람이 아닌 산짐승의 일상을 훔쳐보는 재미를 어디에 비유할까. 시간이 멈추어 있는 방안의 좁은 공간이 싫지 않았다. 사람을 위해 이렇게 시간을 곱게 내어준 적이 있었는지 생각했다. 사람에겐 어설픈 시간을 베풀었다. 그 부족함으로 산짐승을 만나면서도 즐거워했다.

문구멍으로 계속 꿩을 내다보았다. 작은 흙구덩이에서 꿩은 발가락을 열심히 놀렸다. 흙이 사방으로 튀었다. 오래전부터 살아온 자기 집인 것처럼 우쭐거렸다. 흙을 온몸에 묻히고 발라당 드러눕기까지 했다.

나의 어린 시절 흙장난을 하던 때를 떠올렸다. 손에 진흙을 이겨 소꿉장난을 했다. 옷과 얼굴에 흙이 묻어나도 싫지 않았다. 지금 꿩의 행동을 보며 미소를 짓는 한나절이 지나가질 않길 바랐다. 순간 콩 한 줌이라도 흙구덩이 옆에 뿌려두었으면 좋았을 걸 생각했다. 이제는 농사를 짓지 않은 마을에서 어떻게 먹이를 찾아내며 살아가고 있을까. 산중 들녘에서 몰래 쪼아 먹는 벼와 수수, 고구마가 없으니 꿩의 일상도 힘들겠다.

문득 어린 시절 재미있었던 일이 떠올랐다.
겨울이 깊어 가면 숲에 있던 꿩들이 들로 내려왔다. 먹이를 찾아 내려온 꿩들은 곡식을 걷어낸 밭에서 한나절을 보냈다. 꿩들이 다시 숲으로 돌아간 뒷 시간은 나의 책임이 따랐다. 어떤 농부가 담아준 벌레 먹은 콩과 쌀겨가 든 자루를 들고 밭으로 갔다. 꿩들이 자주 내려앉는 곳에 뿌렸다. 그런 다음 날이었다. 어떻게 알았을까. 꿩들은 숲에서 더 많이 밭으로 내려와 장관을 이루었다.

그때의 꿩들은 모두 어디로 날아간 것일까.
마당에 드러누운 꿩은 귀한 대접을 받을 만했다. 그런데 녀석이 두 눈을 감고 꾸벅꾸벅 졸았다. 가끔은 경계하는 거겠지. 한 번씩 눈을 희번덕희번덕 뜨고 고개를 치켜들었다. 하지만 이내 깊은 잠에 빠져들었다. 매일 여기 와서 낮잠을 자고 가는구나. 나는 남아 있는 꽃차를 아껴가며 조금씩 마셨다. 꿩이 낮잠을 푹 자고 일어나기만을 기다렸다.

시간이 흘러갔다. 시계를 내려다보니 한 시간이 넘어가고 있었다. 내 지루함이 시작됐다. 오랜 시간이 넘도록 움직이지 않은 산짐승을 바라보는 일은 인내심이 필요했다.
'저 녀석을 깨워 볼까?'

한참 동안 고민했다. 무엇보다 꽃차를 마셨던 바람에 오줌이 마려웠다. 방안을 서성거리기 시작했다. 발을 방바닥에 굴려 강제로 깨워낼까, 기침을 크게 해 볼까, 물건을 두드려 볼까. 방안에 갇힌 채 생리적인 현상을 참아낸다는 것은 고통이었다. 하지만 어쩌랴. 방바닥에 드러누웠다가 창호지 구멍에 눈을 갖다 대기를 반복했다. 그런데도 한참 동안 꿩은 봄날 햇볕을 즐기며 일어나지 않았다.

나는 할 수 없이 발을 방바닥에 한 번 쿵 굴렸다. 그러고는 눈을 재빨리 문구멍에 찰싹 달라붙이고 밖을 내다봤다. 꿩은 귀를 막고 있었다. 안 되겠구나. 손뼉을 한 번 딱 쳤다. 꿩이 너무 놀랄까 봐 엄청나게 배려하는 행동이었다.

손가락으로 문구멍을 좀 더 크게 냈다. 내가 방에서 내지르는 소리가 밖에서도 잘 들리게 하고 싶은 심정이었다. 화가 슬슬 나기 시작했다.

"아니, 집주인이 너니?"

이젠 말까지 입에서 새어 나오기 시작했다. 더 이상 참을 수 없었다. 하지만 꿩을 놀라게 했다가는 다시는 이곳에 오지 않을 게 뻔했다. 산짐승을 놀라지 않게 깨우는 일은 쉽지 않았다. 휘파람을 불어 노래 부르기 시작했다. 동요의 한 구절을 반복해서 자꾸 불렀다. 그제야 꿩은 주름진 눈꺼풀을 살짝 올렸다. 고개를 들고 마당 구석구석을 살피기까지 했다. 빈집에서 처음 듣는 휘파람 소리가 신기한 듯 고개도 갸웃거렸다.

내가 동요의 고음 부분에서 휘파람에 힘을 확 주었을 때였다. 꿩은 혼비백산했다. 콩처럼 작은 눈을 최대한 크게 치켜떴다. 다리에 힘을 주고 일어서서 방문을 응시했다. 그러다가 날개에 힘을 주고 푸드덕 날아갔다. 나는 방문을 급히 열고 꿩이 날아가는 쪽을 바라보았다. 꿩이 내려앉은 자리에 풀잎들이 심하게 흔들렸다.

인적이 드문 시골집에서 사람을 그리워하는 일은 잊은 지 오래되었다. 하지만 산짐승과의 일상이라도 있으니 다행이다. 시장에 가서 묵은 수수 한 되라도 사 두어야겠다. 그런 후, 시골집에 다니러 올 때마다 마당 여기저기 수수 한 줌 뿌려두고 가면 좋지 않을까.

내일은 꿩이 오기 전에 집을 비워주어야겠다.

당신은 모든 사랑과 이별의 아픔을 들려주었다
_'사랑의 기쁨'을 듣고서

잘츠부르크 성 입구에 멈추어 섰다. 성곽이 주는 오묘함에 넋을 놓았기 때문이다. 성에서 이뤄졌을 축복이 느껴졌다. 나는 성당 안에 있는 오르간이 생각났다. 모차르트가 어릴 때 사용했다는 오르간은 어떤 음률을 만들어 낼까. 이제 막 둥지를 짓고 짝을 찾는 파랑새 울음소리일까. 아니면 종달새의 비상처럼 명랑한 음색을 들려줄까. 내가 알아들을 수 있을 만큼 오르간에서 흘러나오는 곡을 이해하고 싶었다.

오르간을 연주해 줄 사람은 또 얼마나 고상할까. 그는 분명 사람들을 감동 속으로 빠져들게 하겠지. 그 속에서 나도 눈물 한 방울쯤 흘리고 나오고 싶었다. 그러고는 지난가을에 들었던 모차르트 곡 〈미풍이 불어오네〉[1] 라는 오페라를 떠올렸다.

음악은 두 젊은 장교가 예쁜 자매와 사랑을 한 이야기였다. 두 장교는 '여자들은 바람과 같아서 사랑에 있어 변덕을 잘 부린다.'라고

---

1 모차르트 작곡. 오페라 〈미풍이 불어오네〉

하면서 다투었다.

음악을 다 듣고 나서 생각했다. 어쩌면 남녀 사이의 사랑은 변덕스러움 때문에 더 아프기도 하고 아름답지 않을까. 성당의 종탑을 다시 올려다보았다. 아직 미사를 올리는 일에 부족한 내가 보였다. 하지만 사랑하는 사람을 만나게 해 달라고 기도할 작정이었다.

성안 입구에 발을 내디딜 때였다. 하프를 켜며 〈사랑의 기쁨〉[2]을 연주하는 아가씨를 보았다.

'사랑의 기쁨은 어느새 사라지고 사랑의 슬픔만 영원히 남았네. 눈물로 보낸 나의 사랑 실비아여, 나를 버리고 다른 사람에게. 눈물이 흘러내리듯이 사랑의 아픈 마음을 그대에게 바치노라. 하루에도 몇 번씩이나 소식을 전해오던 실비아. 오늘에 와서 꿈결같이 사라져…'

아가씨가 연주하는 〈사랑의 기쁨〉은 나와 절묘한 타이밍을 이루며 연주되었다. 순간 자리에 멈춰 섰다. 내 마음속에 간직했던 어떤 사랑 하나가 불쑥 튀어나왔다.

나는 몇십 년 만에 해 보았던 사랑이 생각났다. 그를 만나 함께 밥을 먹고 커피를 마셨다. 그를 찾아가며 기차를 타는 것도 행복했다. 늦바람이 무섭다는 말이 떠올랐다. 하지만 나의 사랑은 푸성귀와 같아서 잘 자라나지 못했다. 그렇다고 사귀고 있는 사랑을 두고 변덕을 부린 것도 아니었다. 결국 나는 그 사람의 사랑을 믿

---

2 마르티니 작곡. 〈사랑의 기쁨〉

지 못했다. 또한 그 사람도 사랑의 표현이 부족했던 것 같다. 그래서였을까. 나는 어느 날 사랑하는 사람에게 마음에도 없는 말을 쏟아냈다. 한 이틀 후엔 어리광처럼 했던 말을 후회했다. 말을 주워 담고 싶었지만 이미 인연은 어긋나 있었다. 그 후, 우리 둘은 진실한 사랑은 없다고 생각하며 각자의 길을 택했다.

그런데 '사랑의 기쁨' 음악 속에 나의 사랑이 들어 있었다. 또한 그 사람의 사랑도 들어와 있음을 알았다. 내가 닫아버린 마음의 문을 그 사람은 '사랑의 기쁨' 음악을 통해 톡톡 두드렸다. 하지만 이제는 만날 수 없는 사이라는 것도 알리는 듯했다.
눈을 살며시 감았다. 내가 무심코 던진 말을 진실로 믿고 아파했을 그 사람이 보였다. 한 남자의 이루지 못한 사랑과 아픔, 그리움이 마음속에 파고 들었다.
타국에서 듣는 '사랑의 기쁨' 음악 속에는 또 다른 의미가 담겨 있었다. 그 사람은 새로운 사랑을 막 시작했다고 알려주었다. 나는 그냥 나만의 방법과 감성대로 음악을 해석했다. 그러고는 애써 모른 척 성당 안으로 들어갔다.
성당 안에는 다섯 개의 오르간이 빙 둘러 있었다.
연주자는 오르간을 건너다니며 다섯 곡의 성가곡을 연주했다. 모두 다 성모 마리아의 사랑에 관한 음악이었다. 오르간 소리가 성당 밖까지 울렸다. 사람들의 박수가 쏟아졌다. 그 틈을 이용해 서툰 미사를 올렸다. 나에게 좋은 인연이 생기게 해달라는 기도는 잊었다. 대신 나로 인해 아파했을 그 사람이 더 좋은 인연과 행복한 삶을 살게 해 달라고 빌었다.

나의 귀는 밖으로 열려 있었다. 성대한 오르간보다 길에 앉아 켜는 하프 소리가 더 마음을 채웠다. 나에게 조용히 타일렀다.

'지금도 늦지 않았으니, 너도 정말 멋진 사랑을 다시 해 봐!'라고.

성당 밖으로 서둘러 나가 사방을 둘러보았다. 풍경이 눈에 들어오지 않았다. 마음을 내려 두지 못하고 몽유병 환자처럼 이곳저곳 걸어 다녔다. 그러다가 나도 모르게 하프를 켜는 아가씨 곁으로 가고 말았다.

그런데 다시 하프를 켜는 아가씨 곁에 섰을 때였다. 그 사람이 '사랑의 기쁨' 음악 속에서 빠져나오고 있었다. 그러고는 나에게 악수를 청하고 뒤돌아섰다. 나는 멀어져 가는 그 사람을 바라보며 소리 나지 않게 눈물을 흘렸다.

어떤 낯선 곳에서 지난날의 사랑을 생각하며 마음을 두고 떠난다는 것은 더 애달픈 일이지 않을까. 성벽이 보이지 않는 곳까지 걸어왔다. 아가씨의 하프 켜는 소리가 더 이상 들리지 않았다. 나는 '사랑의 기쁨' 노랫말 속에 나를 넣어두고 한참을 따라 불렀다. 그 사람이 잠시 사랑했던 나를 두고 새로 만난 여인의 손을 잡고 걸어가는 모습이 보였다. 나도 그를 떠나보낼 준비를 했다. 오르간에서 흘러나왔던 성모 마리아의 사랑처럼 그를 배웅했다. 오스트리아의 까만 밤이 환한 아침이 되는 중이었다.

고려대학교 대학원 아동언어코칭학과 상담학습코칭
석사 졸업

전남대 여수 캠퍼스 평생교육원 심리자격증 강의 외 다수

현 〈심리학, 나를 찾아서〉 심리상담소 운영

광양문협회원

여수해양문학상 대상(시 부문)

저서

「어제도 찾아왔고 오늘도, 아마 내일도」(시집)
「여수를 순례하다」(여행 에세이)

박주희

하얀색 구름사전
막내의 귀가
충민사를 고찰하다
동심원

하얀색 구름사전

　여름 하늘은 구름이 많아 정답다. 구름 구경은 여름 하늘이 제철이다. 더구나 한지 같은 구름이 포슬포슬 은적삼 푸르스름한 낮달과 구름이 어우러지면 그 고요하고 명징한 하늘, 여름 하늘이야말로 푸른 옥쟁반에 은구슬 구르는 고요로 사방이 난리다. 여름이 제격이다. 그 무더운 여름, 매미 소리 쟁쟁거릴 때마다 하늘을 우러르면 때로는 새하얀 그늘, 경중거리는 목화 구름 덩어리가 스쳐 간다. 세모시, 옥색 치마 그네 타는 봄 처녀도 부럽지 않다. 망사처럼 속 환히 비치는 구름, 구름 속은 구름이 아니라 온통 파랑 천지이다. 그 뽀송뽀송한 파랑은 오로지 새파란 스테인드글라스를 연상시킨다. 무덥지만 깔끔하다. 거기에 냉장 수박 한 점, 더 이상 바란다면 사치다. 가끔 누리는 사치, 덕자(병어)는 더구나 금상첨화이다.

　먼 산꼭대기에 구름이 꽃을 피운다. 짙은 능선들이 구불거리면서 새하얀 구름을 꼭대기마다 보란 듯이 펼친다. 새하얀 동굴이 떠오를 때도 있다. 꼬리 기다란 구름동굴은 한여름 실비를 닫을 때, 혹은 막 비 갠 후의 풍경이다. 그 풍경을 마음으로 모실 때마다 구름으로 여닫는 하얀색 구름사전을 읽는다. 여름을 지내는 나만의 황홀경이다.

하얀색 구름사전을 펼치면 지붕들이 반듯하다. 유목의 지붕들 아래, 유목의 목숨이 낙타와 사막과 선인장과 피라미드와 별과 달과 우물과 오아시스 물길 아래 푸르지 않은 글자들이 없다. 그래서 유목이라는 글자는 푸르다. 반듯반듯, 네모와 세모와 제멋에 겨워 크고 작은 동그란 지붕들이 먼 이국의 풍경을 가져다 부푼다. 가끔 별빛이 새어 나온다. 아주 어릴 때 보았던 마을 불빛처럼 아련하다. 건너편 산자락 아래 구름의 지붕들이 아주 낮다. 내가 사는 아파트가 고층이어서 그럴 테다.

여름엔 구름이 아주 가까워진다. 심리적 거리도 아주 지척이다. 그러니 물리적 거리감도 없이 그저 좋은 구름, 꿈속에서도 나는 구름 꿈을 자주 꾼다. 소원 성취를 꿈에서도 질리도록 하는 셈이다. 프로이트가 살던 당시에 특별히 주목받은 꿈과 기억과의 상관관계는 당시에 결정짓지 못하고 오늘날까지 프로이트 학파에서 설왕설래한다. 프로이트는 꿈에서 그 기억들은 보통 유년기로 돌아간다고 기술했다.[3] 그래서일까, 아주 오래도록 기억에 남는 구름 꿈이 하나 있다.

아마 열다섯쯤, 몸이 아파 중학교를 쉬고 있었을 때였다. 구름 꿈을 꾸었다. 어떤 목소리가 구름 속을 파서 만든 동굴이라 한다.

---

[3] 프로이트, 《꿈의 해석(Die Traumdeutung)》

기억 속 동굴길이 아직도 생생하게 남아 있다. 구름동굴이었다. 손가락을 내밀어 볼 정도로. 하얀 질감의 구름의 겉면, 몽글몽글 이렇구나. 구름을 만지면 이런 느낌이 나는구나, 푹신하구나, 고요하구나, 따스하구나, 그러면서 슬픔으로 기억됐다. 좀 더 슬픈 느낌, 누군가의 목소리가 아주 따스했다. 슬픔이 따스하다는 것을 꿈에서 알았다. 아픈 내가 치유를 받았던 것 같다.

하얀 동굴에 빛이 들었다. 아주 여린 빛이었다. 터널 끝처럼 다다른 동굴 끝, 영근 햇살이, 아주 맑은 하늘이 푸르스름하게 비쳐 들었다. 구름으로 만든 책상, 구름으로 만든 펜, 오직 단순한 구름으로 만든 공간 하나가 좍! 허공에 펼쳐졌다. 그 길의 끝, 푸르고 청명한 하늘에 깃털 구름이, 자욱하게 깔리면서, "저건 너의 펜이란다!" 누군가의 목소리가, 손가락 하나가 어깨를 '탁' 치는 느낌이 들었다. 그리고 깨어났다. 한여름 대낮이었다.

항복!

항복!

팔월이 내일이다. 더위에 몰입해야 한다. 무더위가 익어야 한다. 그래야 꼿꼿한 고개가 절로 숙여질 테니까. 여름 곡식처럼 익어야 시퍼렇게 날 선 이 무더위도 고개를 숙인다. 그래야 단내가 폴폴 향기를 날리는 가을이 올 테지.

무더운 여름, 시 한 수 첨가한다. 현재 피서법이다.

매화를 그리며(畫梅)

十丈炎威十丈塵 / 毫端猶見雪精神
兼嫌拂袖多寒氣 / 我是人間避熱人
찌는 듯한 더위 먼지가 풀풀 날리는데
붓끝에는 눈 속에서도 피어나는 매화의 정신 드러나네
거기에 소매 끝에서도 한기가 넘쳐나니
나는야 이 세상 누구보다 멋있는 피서객이라

-청나라 시인 동옥(童鈺)

 팔월의 제철 채소와 과일은 오이 풋고추 옥수수 깻잎 감자 고구마순 복숭아 포도 수박이고 해산물로는 전복 성게 장어 전갱이다. 제철 음식은 열무김치 오이물김치 전갱이조림 고구마순볶음이 대표 격이다. 저장 음식으로는 오징어젓 대합젓 오이장아찌 풋고추부각 깻잎부각이고 이즈음 갈무리해야 하는 먹거리로 서양에서는 포도주를 담근다. 우리는 실컷 먹고 난 애호박이며 가지를 말렸다.
 볕마다 뙤약볕인 요즘, 여름 곡식 낱알마다 잘 익어 가겠다. 가만히 앉아서도 땀이 줄줄 흐른다. 해바라기 고요의 각도를 비튼다. 지잉 지이잉, 매미들이 치근덕거리는 하늘이 푸르다. 구름의 명필 한 점 딱이다. 하얀색 구름사전을 펼치면 여름 하늘, 흰 구름과 낮달이 淸明(청명)하다.

막내의 귀가

2014년 4월 16일 아침, TV를 틀자마자, 세월호 사고를 바로 접했다. 그때까지만 하더라도 아무도 몰랐다. 그 어린 목숨들이 그렇게 허무하게 죽음으로 내몰렸다는 것을.

수학여행 중이었던 중3 딸에게 바로 전화를 걸었다. 전화를 받지 않았다. 안절부절못하고 학교로 전화를 하자, "지금 연락을 취하고 있으니 조금만 기다려 주세요"라는 답만 돌아왔다. 애가 탔다. 흰 머리카락이 더 심해지지 않았을까 싶도록 그 기다림은 길었다. 몇 시간 후 담임에게서 연락이 왔다. "우리 배 아니죠?", "네, 어머니, 우리는 지금 완도에요, 완도! 완도는 다리가 있어 배를 안 타요!"

휴대폰을 통해 그 말을 듣자 말자, '우리 딸은 괜찮구나!'라고. 담임은 학부모들의 전화가 빗발쳤다고 말했다. 방향이 다른 곳이고 버스로 이동해서 잘 도착했으며 안전 귀가까지 책임 잘 지겠으니 염려 놓으란 말로 내 마음을 가라앉혔다.

아니, 우리 딸이 탄 배가 아니라서 다행이라는 이기적인 마음이 나를 안심시켰는지도 모르겠다. 그러면서 세월호 부모들은 어떨까? 절절하게 애끓일 마음에 미안한 감정이 들기 시작했다. "아니어서 다행이다."라고 얼마나 마음이 놓이던지. 그때 세월호 사건 때 나는 그랬다. 저녁을 먹은 후 선생님이 부모님들께 전화하라고 했다면서 들려온 딸의 목소리가 얼마나 반갑게 들렸는지, 얼마나 고마웠는지, 당해보지 않으면 모를 일이었다.

저녁 8시쯤 되어서 목포 사는 조카에게서 연락이 왔다. 아이들이 바다에 둥둥 떠다닌다고 말했다. 그게 무슨 소리냐며 SNS로 알려야겠다며 영상을 요구했지만 조카는 휴대폰이며 모두 뭍에 놔두어야만 했다며 울먹거렸다. 그때부터 시작이었다.

조카 전화는 계속되었다. 검은 물결 위에서 아이들 발바닥이 새하얗게 보인다고 했다. 물에 뛰어들어 건지지 말라고 말했다면서 건지려는 사람들을 해경이 말렸단다. 지휘 체계가 없어서 그랬다는 말을 전해 들었다. 함부로 먼저 손대면 안 된다는 그 미친 문장들을 전화기로 들어야만 했다. 미쳤다고 했다. 분노했지만 내가 할 일은 아무것도 없었다. 각종 음모론과 '언론플레이'가 시작되는 것을 뉴스를 통해 접했다.

한 회사는 억울하게 희생양이 되어가는 것만 같았다. 와해한 그 회사, 그들의 가족이 걱정되었다. 저명한 분들의 화려한 언론플레이를 접하면서, 그때부터 나는 뉴스를 믿지 않았다.

목포를 갔지만 차마 팽목항에 나를 데려가지 못했다. 무서웠기 때문이었다. 자식을 잃은 그들의 얼굴을 볼 자신이 없었다. 내 딸이 아니어서 안심했다는 것이 미안한 감정이 들어서였지만 그래서 더욱이 그들의 민낯을 대하며 자신을 추스를 자신이 없었기 때문이었다. 그저 미안했다. '내 딸이 아니어서 다행이다' 이 감정이 나를 죄인으로 만들었다.

며칠 후 딸은 아무렇지도 않은 표정으로 "엄마, 다녀왔어!" 하며 현관문을 열고 들어섰다. "엄마, 걱정 많이 했어?" 하고 활짝 웃는 딸을 보며, 그 부모들도 얼마나 자식을 기다릴까 생각되었다. 딸을 붙잡고 말했다. "우리 웃지 말자, 지금 세월호 그 부모들을 위해서 우리 웃지 말자, 무슨 대단한 일도 아니지만 그래도 지금 그 부모들이 얼마나 우리 딸 같이 돌아오기만을 기다릴까?" 하면서 딸을 껴안았다. 세월호를 탔던 것도 아니고 그리 멀리 간 것도 아닌데, 또한 완도까지 버스로 다녀왔는데 왜 그리 떨렸을까. 딸의 얼굴을 보니 "이젠, 안심이야!"를 외쳤지만 왠지 고마워서 눈물이 나왔다.

잠수부 일을 하던 조카는 세월호 관련해 상담받았다고 했다. 비로소 조금씩 사회적 이슈가 되어가나 보다 했다. 그러나 단 한 번으로 끝이었다. 엉터리 졸속 행정의 끝을 보는 것 같았다. 최소한 아무리 증세가 없더라도 끝까지 함께 상담하면서 남아주어야 하는 게 상담의 의미이지 않은지 묻고 싶었다.

잠수부 관련해서도 너무나 억울한 이야기들이 많았다. 조카 친구는 몇십 명을 구조했다고 한다. 그러나 그 친구가 자신의 이득을 위해서 돈을 요구했다는 낭설이 뒤따랐다. 욕을 바가지로 얻어먹는 그런 외부의 압력 때문에 그만두어야 하는 처지였음에도 불구하고 한 명이라도 더 구조하려고 바다에 뛰어들었다. 그 사실을 안 세월호 유족들이 그 말을 막아주면서 또 그런 헛소리 하는 인간들이 있다면 우리 앞으로 끌고 오라 했다고 한다.

원래 바다를 참 좋아했다. 바다는 늘 나에게 있어 어머니 품과 같았고, 즐거움이었으며 또한 내 상비약 같았다. 머리 아플 때마다 바다에 가면 말끔히 낫곤 했다. 신기했다. 그런 바다를 이젠 순수하게 그냥 느낄 수 없는 건 세월호, 그 경험 때문이다. 대한민국 국민은 2014년 4월 16일, 안전불감증이라는 사회적 병리를 체험했으며, 언론플레이를 당했으며, 국가적 재난에 속수무책인 무능한 정치인들이 모인 곳이 국회라는 곳 또한 깨달았다.

세월호는 초동 조치가 잘못된 경우였다. 남아프리카 공화국 인근 해역에서 세월호 사건과 같은 사건이 유튜브에 올라왔었다. 수백 명이나 되는 승객이 단 한 명도 죽지도 않았고 살았다. 그 까닭은 선체가 기울어지자마자 모두 선실에서 갑판 위로 올라가 있었기 때문이었다. 다 살았어야 할 학생들을 선실에서 가만히 있으라고 한 세월호 승무원들이나 선장을 우리는 기억한다.

이 일에 국가 잘못은 없을까? 아니다. 대형 여객선이 기울어지면 승객들을 무조건 갑판 위로 올려보내도록 하는 지침을 평상시에 주지시켰었어야 옳았다. 배가 기울면 거의 다음 상황은 침몰이지만, 세월호는 외국 배들처럼 기울어지고 나서 금방 가라앉지 않았다. 구조할 시간은 충분했다는 말이 된다.

두고두고 험한 말들이 쏟아져 나왔다. 그중 가장 많이 화가 났던 말은 '시체를 가지고 장사를 한다.'라는 말이었다. 서울 갔을 때 택시를 탔는데, 마침 세월호 뉴스가 나오자 "세월호 기사도 좀 질

리네! 먹고사는 게 급하지, 돈 그만큼 받아먹었으면 됐지 원!" 하는 소리에 너무 어처구니가 없었다. 사람의 탈을 쓰고 어쩜 그런 말을 그리 쉽게 하느냐고 되받아쳤다. "무섭네요! 기사님 자식 없어요?" 비단 이 택시기사 뿐이었을까?

　세월호 사건은 이제 돌아오지 못한 304명의 죽음만이 아픈 것은 아닐 것이다. 모든 부모가 세월호 아이들의 부모들에게 아직도 미안하고 죄스러운 것이다. 노란 리본만 보면, '천년의 바람'만 들으면, 우리 모두가 세월호였음을 고발하는 시를 읽을 때마다 사회문제로 떠오르곤 한다. 세월호 사건은 21세기를 살아가는 우리 한국의 부모들에게는 커다란 아픔이다. 왜 그때 국가는 부재했는가? 살아남은 아이 중 한 명이 2020년도 추모 6주기를 맞아 추모의 단상에서 이렇게 말을 하며 울부짖었다.

　"지금도 대답이 돌아오지 않을 걸 알면서도 그 친구들의 전화번호로 카톡도 남겨봅니다. 전화도 걸어보고, 함께 찍은 사진도 꺼내 봅니다. 함께 찍었던 동영상도 다시 봅니다! 친구들의 모습을 꿈속에서라도 볼 수 있도록 제발 꿈에 나타나 주라고 간절히 빌면서 늘 잠이 듭니다!"

　세월호 선체가 거치된 목포 신항의 6주기 기억식, 추모행사 참석자들은 저마다 '기억하겠습니다', '진실 규명에 앞장서겠습니다' 등의 글귀를 적은 손피켓을 들었다.

　최근 이탈리아 검찰은 대형 크루즈 침몰 사고에서 세월호 선장과 같이 먼저 도망간 선장에게 직무유기죄 등 책임을 물어 2697년, 희생자 한 명당 84년을 구형했다. 참 대조되는 뉴스다.

세월호 유족들이 '낙선 후보' 19인 발표를 총선 전에 발표한 것도 놀랄 일만은 아니다. "세월호 텐트에서 문란 행위를 벌인 자들이 사과하라"라는 막말을 내뱉던 후보는 구속되어야 마땅했다. 국민적 정서를 조심하지 못하는 정치인이 버젓이 국회의원 배지를 내밀며 의회를 점령한 채 처벌을 두려워하지 않는 게 우리나라 정치의 현주소다.

코로나의 영향 때문이었는지 2020년을 기점으로 세월호 사건은 흐지부지된 듯하다. 그러나 자식을 가슴에 묻은 부모들은 아직도 그 기억이 선명하다. 하루 내내 안절부절못하며 막내를 걱정했던 2014년 4월 16일을 잊지 못한다. 세월호 부모들에게 내내 죄송했다. 잊히겠지만 그래도 잊지 않겠다는 다짐을 마지막으로 시 한 편 올린다.

우리 모두가 세월호였다 | 송경동

돌려 말하지 마라
온 사회가 세월호였다
오늘 우리 모두의 삶이 세월호다
자본과 그 권력은 이미
우리들의 모든 삶에서 평형수를 덜어냈다
사회 전체적으로 정규적 일자리를 덜어내고
비정규직이라는 불안정성을 주입했다

그렇게 언제 침몰할지 모르는
노동자세월호에 태워진 이들이 900만명이다
사회의 모든 곳에서
'안전'이라는 이름이 박혀 있어야 할 곳들을 덜어내고
그곳에 '무한 이윤'이라는 탐욕을 채워 넣었다
이런 자본의 재해 속에서
오늘도 하루 일곱 명씩이 산재라는 이름으로
착실히 침몰하고 있다
생계비관이라는 이름으로
그간 수많은 노동자민중들이 알아서 좌초해가야 했다
그렇게 수없이 많은 이들이 지하선실에 가두어진
이 참혹한 세월의 너른 갑판 위에서
자본만이 무한히 안전하고 배부른 세상이었다.
그들의 안전만을 위한 구조변경은
언제나 법으로 보장되었다
무한한 자본의 안전을 위해
정리해고 비정규직화가 법제화되었다
돈이 되지 않는 모든 안전의 업무가
평화의 업무가 평등의 업무가 외주화되었다
경영상의 위기 시 선장인 자본가들의 탈출은 언제나 합법이었고
함께 살자는 모든 노동자들의 구조신호는
외면당했고 불법으로 매도되고 탄압당했다
더 많은 이윤을 위한 자본의 이동은 언제나 자유로운 합법이었고

위험은 아래로 아래로만 전가되었다

그런 자본의 무한한 축적을 위해

세상 전체가 기울고 있고 침몰해가고 있다

그 잔혹한 생존의 난바다 속에서

사람들의 생목숨이 수장당했다

그런데도 가만히 있어라고 한다

돌려 말하지 마라

이 구조 전체가 단죄받아야 한다

사회 전체의 구조가 바뀌어야 한다

이 처참한 세월호에서 다시 그들만 탈출하려는

이 세월호의 선장과 선원들을 바꾸어야 한다

우리 모두가 이 위험한 세월호의

선장으로 기관장으로 갑판원으로 조타수로 나서야 한다

이 시대의 마지막 남은 평형수로 에어포켓으로

다이빙벨로 긴급히 나서야 한다

이 세월호의 항로를 바꾸어야 한다

이 자본의 항로를 바꾸어야 한다

***송경동 : 1967년 전라남도 보성군 벌교읍 출생. 2001년 '내일을 여는 작가'와 '실천문학'에 시를 발표하면서 작품 활동을 시작. 2017년 미당문학상 후보에 자신을 포함시키려 한다는 주최 쪽 중앙일보사의 연락을 받고 "적절치 않은 상"이라며 거절.
시집 : 《꿀잠》(삶이보이는창) 《사소한 물음들에 답함》(창비)
산문집 : 《꿈꾸는 자 잡혀간다》(실천문학사)

충민사를 고찰하다

"호남이 없으면 조선도 없다." 이 말은 이순신 장군이 역사에 남긴 말이다.

두 달 만에 나라가 초토화되고 만 임진왜란, 전라좌수영 본영으로서 여수에서는 거북선이 주조되고 있었다.

천혜의 주어진 보고, 여수는 신석기 시대부터 남해의 최고 포구로 발달했다. 고려시대부터 풍부한 물자를 탐낸 왜구의 침입을 번번이 당한 비운의 고장이다. '왜구'는 먹고살기 힘들어 우리나라 남해안에 출몰하여 노략질을 일삼은 일본의 해적 떼를 일컫는다.

여수는 남해안 지방 중 이 왜구 떼들에게 가장 많은 시달림을 받았다. 이렇게 잦은 왜구의 노략질은 고려시대부터 이어졌고 마침내 도요토미 히데요시는 1592년 임진왜란을 일으킨다.

이 왜적을 물리친 이순신 장군이 모셔진 사당, 충민사에 오르는 길, 충민 공원로에 들어서자, 산들바람이 거세다. 오른쪽으로는 이순신 장군 유물 전시관 주차장엔 버스와 자동차 몇 대가 주차된 모습이 보인다.

바쁜 걸음으로 충민사에 오른다. 비탈은 완만한 경사여서 오르기가 어렵지 않다. 숭의문을 지나 싸목싸목 오르다 보면 마래산 초입, 먹구름 몇 장 얼룽덜룽, 찔레꽃도 파르르, 곧 빗물 들겠다.

1993년 6월 1일 사적 제381호로 지정된 충민사는, 이순신이 전사한 3년 뒤인 1601년(선조 34) 당시 우의정 이항복(李恒福)이 현지 시찰을 한 후, 왕명으로 통제사 이시언(李時言)의 주관 아래 건립, 우부승지 김상용이 간청하여 사액(賜額)된 충무공 관련 사액사당 제1호다.

그렇게 우리나라에서 가장 먼저 세워진 충무공 사액 사당으로서, 현재 사적 제381호로 지정되었으며 통영의 충렬사보다 62년, 아산의 현충사보다 103년이 앞선다.

충민사를 논할 때 이순신 장군과 전라좌수영, 그리고 여수의 우리 선조들을 논할 수밖에 없는 까닭이 있다. '약무호남 시무국가' 그 말속에는 여수 사람과 이순신, 거북선이 없었으면 현재 대한민국이라는 나라는 존재하지 않았을 것이라는 게 중론이기 때문이다.

그러한 유래를 따라 충무공 이순신 장군을 기리기 위해 여수 지역 유림과 주민들(이충무공유적영구보존회)은 매년 음력 3월 10일에 춘기 석채례와 음력 9월 10일에 추기 석채례를 지낸다. 4월 28일에는 이충무공 탄신제를 거행하고 있다.

드디어 충민사에 도착했다. 홍살문, 우측에 정화사적비와 주변에 금석문이 있는 승모문, 충의문 이 세 문을 지나야 충무공을 뵐 수 있다. 방명록을 적는다. 충무공 좌우로 전라좌수사 의민공(毅愍公) 이억기(李億祺)가 배향되었고, 1677년(숙종 3년) 보성군수 안홍국(安弘國)이 추가로 배향되어 충무공 장군이 외롭지 않겠다. 당시 1598년(선조 31년) 충무공 이순신이 노량해전에서 전사한 뒤, 영민들이 이순신을 모신 이 사우를 건립했다고 하니 감동이 밀려든다.

충민사 바로 곁 충민사의 수호사찰인 석천사(石泉寺)가 있다. 충민사가 세워지자 임진왜란 때 충무공을 선상(船上)에까지 따라다니며 모신 승려 옥동(玉洞)이 충민사를 수호하기 위해 지은 것으로, 큰 암석 밑에서 솟아나는 샘물에서 절의 이름이 유래하였다고 알려진다.

충민사 뒷산 마래산을 오르려 했으나 먹구름이 심술을 부린다. 오월 바람 머금은 나뭇잎들이 출렁출렁 햇살에 반짝이더니 톡톡 빗방울 듣는다. 보슬비다.

서로 바람을 주고받으며 나무들은 연푸른 천정에서 서로 무슨 이야기를 하는 것일까, 마치 먼 시간의 길을 거슬러 오른 것 같다. 상쾌한 공기, 숲 가득한 하늘, 연두가 물들어 일렁거리는 숲길이 톡톡거리며 건너오고 건너가는 빗소리로 나른하다. 너른 공원의 들녘으로 오월의 빗물이 번진다.

동심원

　여름밤이었다. 텃밭 풀벌레 울음소리가 유독 선명했다. 우물을 사이에 두고 산에서 내려온 순도 높은 어둠에 사방은 고이 잠겼고 반딧불이들이 너울거리며 날고 있었다. 풀벌레 소리는 창문을 가볍게 넘어와 온 방 안에 개울물처럼 낮게 깔렸다. 흐르는 듯 마는 듯 텃밭 개울 물소리 더불어 달빛 커다란 밤, 그 달빛이 환해서 홀리듯 마당으로 나와 우물가에 섰다.

　그때 무슨 기척이 일었던 것이었다.
　희디흰 물안개가 달빛 아래에서 몽글몽글 머리로 대문을 밀고 있었다. 어스름 달빛에 녹아들 듯 말 듯 진한 백색의 물안개는 호흡을 고르느라 그랬을까? 고개를 내밀고 안을 살펴보는 것 같았다. 잠시 멈춘 것도 같았다. 그러더니 꿈틀꿈틀 대문을 비집고 들어섰다. 몇 겹으로 둥글고도 기다란 물안개는 마치 전설의 하얀 용처럼 낮게 배를 깔고 들어왔다. 그 광경은 두려우면서도 아름다웠다. 오히려 황홀했다. 기다란 몸체, 아가리가 있네. 그 아가리로 들어가면 괜찮을까, 괜찮을 거야, 안개잖아!

풀벌레 우는 밤, 텃밭을 빙 둘러 흐르던 개울물 소리, 커다랗게 내리는 달빛, 반딧불이 너울거리는 한 여름밤 안개는 느릿느릿 머리통을 나에게 헤딩하듯 다가왔다. 텃밭 풀 우물 곁을 몇 걸음 옮겨 걸었다. 퐁퐁 샘솟는 물소리마저 아슬해졌다. 물안개가 어느새 눈알 깊은 곳에 나를 반짝 홀린 자리, "가까이 오면 아무것도 아닐 거야, 보통 그냥 안개일걸" 기대되면서도 내심 콩닥콩닥! 어슴어슴!

녀석은 몽실몽실 나를 덮었다. 순하디순한 녀석 좀 보게, 이 녀석 그게 이빨이라고 나를 무니? 대가리를 토닥여도 손만 헤저어질 뿐. 그 감촉 없이 녹아드는 부드러움이라니. 줄 같은, 밧줄 같은, 어쩌면 실오라기 같은 무수히 많은 안개의 줄들이 보드랍게 발을, 발목을, 종아리를 감쌌다. 허공에 붕 뜨는 것 같은 착각이 일었다.

휴, 숨을 내쉬던 녀석, 제 몸 자욱이 풀어 드디어 온 마당 가득해졌다. 무릎까지 번져 올라와 풀어지던 녀석을 토닥이며 꿈결인 듯 아련해졌다. 고개를 수그렸다. 발도, 무릎도 보이지 않았지만 분명 녀석은 머리부터 몸통까지 온몸을 기다란 줄 같은 알갱이로 풀어 순간 나에게 녹아든 것만 같았다. 아니, 내가 그 줄 같은 알갱이 안으로 푹푹 끌려 들어간 것 같았다. 희열이 일었다. 말할 수 없는 기쁨, 한참 텔레비전에서 가수들이 노래 부를 때 안개를 뿜어댄 장면이 떠올랐다.

지금은 유해 논란이 있어 사라졌지만 TV에서 가수들이 한창 안개 같은 무대를 자옥자옥 연출하던 시기였다. 그런 가수들의 무대가 늘 아름답게 보였다. 나도 노래를 잘 부르면 저런 무대에 서 볼 수 있을까? 노래를 잘 부르고 싶다기보다는 그 자옥한 무대에 선 이들이 환상적이어서 부러웠는데 이런 거구나싶자, 그때부터 안개 무대에 대한 선망이 사라졌던 것 같다.

허리까지는 무리였나 보다.
넝쿨넝쿨 새하얀 가닥들이 수없이 뻗어 오르다 일순, 산바람에 흩어지더니 다시 몽글거리기를 몇 차례, 그 중심에 내가 서 있었다. 마당 전체로 번진 물안개 덕분에 수국도 모가지만 내민 채였다. 우물 속으로 몇 가닥 물안개가 스르릉 들어가고, 몇 카락 텃밭 잠입에 성공했는지 한 치 앞도 안 보인다.
가끔 생각건대 왜 그 커다랗고 긴 안개를 무서워하지 않았는지 모르겠다. 온통 새하얗게 꿈틀거리며 배를 낮게 깔고 들어왔는데, 마당을 덮으며 드디어 내 발치에 닿아 나를 기어오르며 아가리를 털던 해무, 슬슬 온몸을 풀어헤치던 해무, 그날 밤 해무는 그렇게 나를 채웠다.

해무!
커다란 보름 달빛이 기억난다. 수북수북 새하얀 안개 바다 위, 담장 아래 수국이 일으키던 어스름 꽃의 파문이 더해져 지금도 마음에 동심원을 일으킨다.

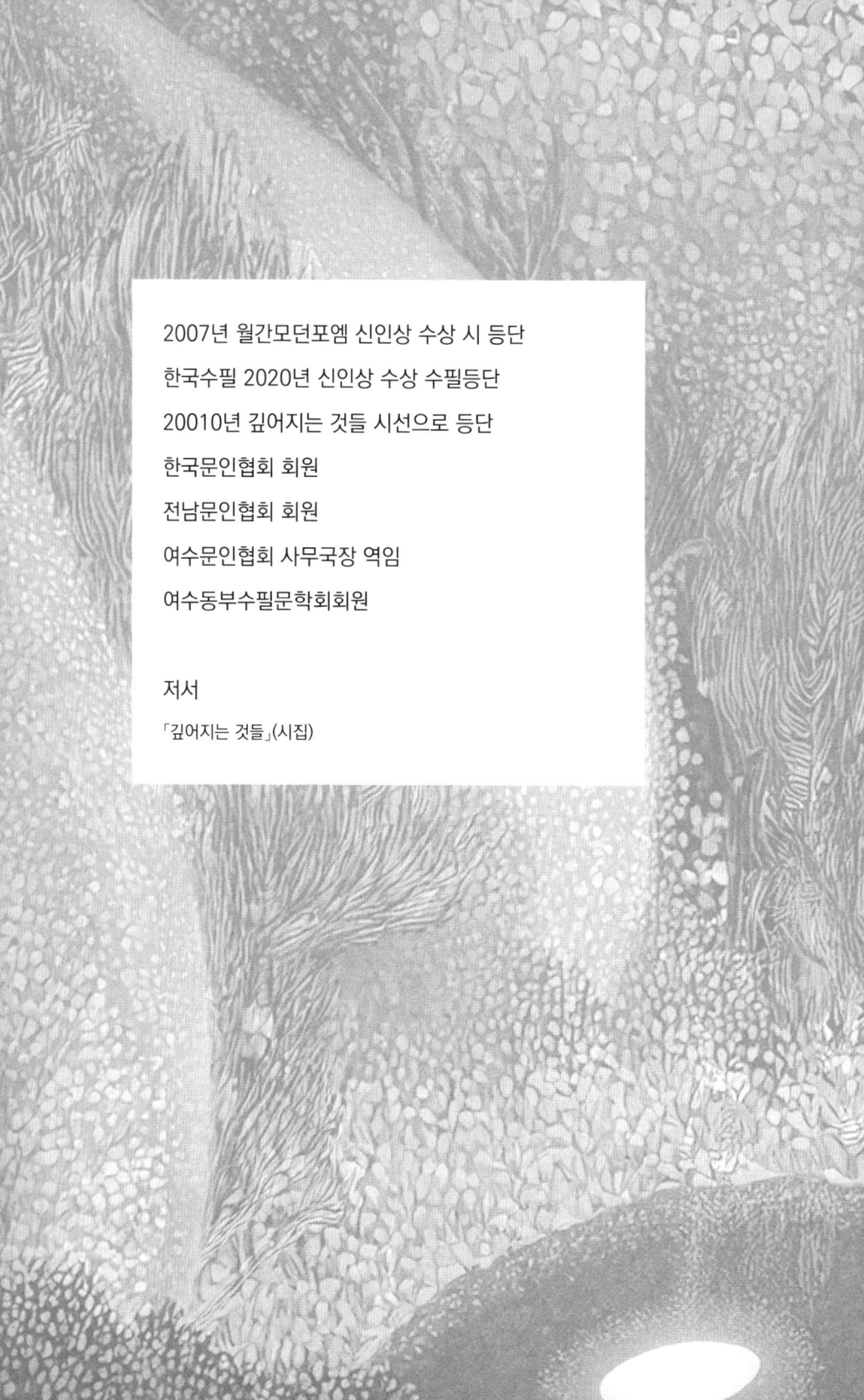

2007년 월간모던포엠 신인상 수상 시 등단

한국수필 2020년 신인상 수상 수필등단

20010년 깊어지는 것들 시선으로 등단

한국문인협회 회원

전남문인협회 회원

여수문인협회 사무국장 역임

여수동부수필문학회회원

저서

「깊어지는 것들」(시집)

차성애

김치찌개와 목련
이는 오복 중 하나
엄마, 열여덟의 꽃을 피우다
고생 끝에 핀 '구실'

김치찌개와 목련

절친에게서 전화가 왔다.
"사월인데 추워, 네가 끓인 김치찌개가 몹시 그리운 날이야."
말끝에 실린 허기진 목소리, 그 말에 친구는 위로가 필요한가 보다 하고 생각했다. 마침 나도 김치찌개가 먹고 싶던 참이었다. 서로의 마음이 이심전심, 봄날의 아지랑이처럼 부드럽게 피어오른 모양이다.
김치를 꺼내어 도마에 올려놓고 자르며 문득 엄마를 떠올린다. 엄마는 김치를 자를 때마다 늘 한마디 하셨다.
"꼬다리까지 다 넣어야 깊은 국물맛이 나."
그 한마디는 요리의 기술이라기보다 삶의 방식이었다. 나는 김치 줄기를 자르며 엄마의 손끝을 흉내 낸다. 어릴 적, 학교에서 돌아와 문을 열면 가장 먼저 반겨주던 건 김치찌개 냄새였다. 푹 끓인 김치에서 올라오는 특유의 신 냄새. 돼지고기 기름에 어묵이 들어가면서 퍼지는 구수함.

그 냄새는 단지 '밥때'를 알리는 신호가 아니라 엄마가 우리를 기다리고 있다는 사랑이었다. 골고루 뜨기 위해 국자의 무게를 저울질하던 엄마의 손, 국그릇에 담긴 뜨거운 찌개를 밥 위에 얹어 한 숟갈 뜨면 그건 따뜻한 국물보다 더 깊은 허기를 채우는 행복이었다. 김치찌개는 그저 한 끼 식사가 아니다. 그 안에는 발효된 시간, 기다림의 온기 그리고 세월의 맛이 담겨 있다.

김치의 유래가 궁금해서 검색 사이트를 찾아보았다. 고려 시대엔 '침채(沈菜)'라고 불렸고, 조선시대를 지나며 지금의 '김치'가 되었단다. 그 뿌리는 그저 채소의 염장이 아니라 계절을 담는 지혜다.

겨울의 긴 어둠을 버티기 위해 사람들은 배추를 소금에 절이고, 고춧가루에 버무리고 마늘을 다져 넣었다. 항아리 속에는 눈 내리는 날에도 꺼내 먹을 수 있는 따뜻한 밥상이 담겨 있었다. 엄마의 김치도 그런 것이었다.

겨울이면 김장하던 엄마 집 마루의 풍경이 생각난다.
장갑도 없이 빨간 양념 속에서 맨손으로 배추를 버무리던 엄마. "손이 매워도 이렇게 버무려야 김치에 손맛이 베어 맛있는 거란다." 빨갛게 버무린 김치와 엄마의 마음이 섞여 우리의 김장하는 날은 잔치였다, 일곱 개의 김치통이 차례로 채워지고 버무린 김치가 담긴 장독대는 땅에 묻히고, 우리는 그 속에서 계절을 견디는 법을 배웠다.

일제강점기 시절, 고기 한 점 귀하던 시절에도 사람들은 김치만으로 찌개를 끓여 먹었다고 한다. 어묵, 두부, 멸치를 넣고 푹 끓인

찌개, 그 시대 사람들의 국물 속에는 단순한 맛이 아니라 굶주림과 생존의 애환이 들어 있었다. 엄마는 찌개에 어묵을 아낌없이 넣어주셨다.

"덴뿌라(어묵)를 많이 넣어야 맛있지."

그때는 몰랐다. 그 '덴뿌라'라는 단어가 사실은 포르투갈어에서 유래해 일본을 거쳐 우리 식탁에 들어온 외래어라는 것을, 그러나 단어의 기원보다 더 중요한 건 그 어묵이 가진 추억이다. 지금도 어묵을 찌개에 넣을 때면, 어묵에서 엄마의 손길이 느껴진다.

김치찌개에 고기와 김치, 어묵을 넣고 천천히 뭉근하게 시간이 더해진 국물이 냄비에서 보글보글 끓는 동안 집 안은 서서히 따뜻해졌다. 기다리는 마음, 기억하는 마음, 그리워하는 마음이 데워주는 온기다.

친구가 들어오면서,

"오메, 목련이 저렇게 예쁠 수 있냐?"

"봄이잖아. 저 정도는 되어야 봄이지."

그녀는 찌개 한 그릇을 금세 비우고 말한다.

"한 그릇 더."

그 말속에는 단지 배고픔만이 있는 것이 아니었다. 삶의 피곤함과 말하지 못한 마음, 어느 날 갑자기 부풀어 오른 외로움이 함께 있었다. 나는 말없이 국자를 들어 또 한 그릇을 퍼 조용히 그녀 앞에 놓는다. 친구의 속을 데워주고 친구의 마음을 다독이며 우리 사이를 따뜻하게 이어주는 위로, 김치찌개 속에는 엄마가 있고 봄날 목련이 있고 나와 그녀의 이야기가 담겨 있다.

이는 오복 중 하나

한쪽으로만 음식을 씹은 지 꽤 오래됐다. 처음엔 그저 편한 쪽으로 습관처럼 씹었고 그것은 버릇이 되어 반대편은 사용조차 하지 않았다.

바쁘다는 핑계로 치과 치료는 늘 '다음'이었다. 또한 치료비가 만만치 않다는 이유로 몇 번이나 마음을 접었다. 그러다 보니 결국 밀린 선택이 나에게 화로 돌아왔다.

어느 날 아침 식사를 하던 중, 순간적으로 찌릿한 통증이 왔다. 참을 수 없는 고통이 한순간에 몰려왔고 그것은 불길한 신호였다. 진통제로도 진정되지 않아 결국 병원을 찾아갔다. 이때는 이미 한참 늦은 상태였다.

"이 상태로는 오래 못 갑니다. 지금 치료하지 않으면 틀니를 해야 할지도 몰라요."

의사의 말은 짧았지만 강하게 가슴을 쳤다. X-ray를 찍고 컴퓨터 화면에 떠오른 내 입속은 참담했다.

차성애

군데군데 어둡게 변한 치아들과 공간, 그리고 앞으로 감당해야 할 치료의 시간이 눈앞에 펼쳐졌다. 의사가 잠시 자리를 비웠을 때 나는 수술실을 둘러보았다. 냉랭한 기계들과 반짝이는 금속, 다른 방에서 들리는 기계 돌아가는 소리가 낯설고 무서웠다.

이곳은 병을 고치는 곳이기도 하지만, 환자에게는 두려움과 마주하는 곳이기도 하다는 걸 실감했다. 20여 분이 지나 들어온 의사는 내 치아를 살피기 시작했다. 톡톡 두드리고 입을 크게 벌리게 하고 다물게 하고 위아래 양옆으로 움직이게 했다.

"임플란트는 좋은 걸로 하면 10년, 아니 관리를 잘하시면 평생 쓸 수 있어요."

진지한 설명 끝에 건네받은 견적서에 적힌 금액은 약 1,500만 원, 숨이 턱 막혔다. '이게 내 입안에서 벌어지는 일이 맞나?' 실감이 나지 않았다. 몇 군데를 더 다녀봤지만, 비용은 거기서 거기였다. 결국 처음 상담한 병원으로 다시 돌아와 조금 낮아진 가격에 치료받기로 했다. 사실 치료라기보다 복구에 가까운 과정이었다.

"수술은 두 시간 정도 걸려요. 화장실 다녀오세요."

간호사의 말에 마음을 다잡았다. 잇몸을 절개하고, 뼈를 이식하는 복잡한 과정. 마취 주사는 따끔할 거라는 의사의 말이 끝나기도 전에 여러 개의 바늘이 잇몸을 찔렀다. 따끔했다. 아니, 솔직히 무서웠다. 몸보다 마음이 더 움츠러들었다. 입을 오래 벌리고 있으면 입이 찢어질 수 있다며 마우스피스를 물리고 입속에는 호스가 삽입됐다. 쉭쉭 물이 뿜어지고 망치로 두드리는 소리, 드릴과 톱질 소리가 동굴 속 메아리처럼 입안을 울렸다.

드릴이 돌아가는 진동은 머릿속을 울렸고 드라이버의 손끝엔 힘이 실렸다. 마취 덕분에 고통은 없었지만, 소리만으로도 공포가 끊이지 않았다. 눈을 감아도 끝없이 퍼지는 두려움. 머릿속은 수많은 생각으로 꽉 찼다. '왜 이렇게 될 때까지 방치했을까. 제때 치료했더라면 이렇게까지 되지 않았을 걸'.

"가위."

짧은 말에 이어 실이 툭툭 잘리는 소리, 시간이 얼마나 흘렀을까.

"고생하셨어요."

손에 든 물컵으로 입을 헹구고 나서야 수술이 끝났다는 걸 실감할 수 있었다. 몸은 천근처럼 무거웠다.

"지금은 마취돼서 괜찮지만, 곧 통증이 심할 수 있어요. 약은 꼭 드셔야 해요."

마취와 피로가 겹쳐 세상이 격자무늬처럼 일렁였지만, 간호사의 목소리는 또렷했다.

약국에 들른 뒤, 병원에서 챙겨준 전복죽을 억지로 몇 숟가락 삼켰고 진통제를 털어 넣었다.

'8개월 후면 양쪽으로 제대로 씹을 수 있겠지.'

그 희망 하나로 위로를 삼았다. 하지만 진짜 고통은 그때부터였다. 마취가 서서히 풀리자 이가 쑤시고 온몸이 화닥거리는 아픔이 뼛속까지 파고들었다. 피가 고인 솜을 물고 억지로 침을 삼키며 밤을 버텼다.

다음 날, 거울 속 내 얼굴은 또 다른 충격이었다. 턱 밑이 시퍼렇게 멍들었고, 볼은 퉁퉁 부어 있었다. 그제야 문득 깨달았다. 몸속에 낯선 이물질이 들어왔는데 그 자리를 그냥 내줄 리 없지.

'주객이 전도된 자리.' 이물질이 자리를 잡으려면 주변의 격렬한 반발은 피할 수 없는 일이다. 며칠이 지나자 부기도 통증도 조금씩 가라앉았다. 하지만 이번 수술이 끝이 아니었다. 앞으로 몇 차례 더, 같은 고비를 넘겨야 한다.

다음 일정을 잡는 것만으로 다시 마음이 무거워졌다. 그리고 그때 문득 떠오른 말.

'이는 오복 중 하나다.'라는, 나는 그 소중한 복을 스스로 소홀히 한 걸까. 아니면 원래부터 약했던 걸까. 나름대로 양치도 열심히 했고 관리한다고 했는데, 결과는 이렇게 돌아왔다.

그 어느 쪽이든 나는 이제라도 치아를, 내 몸을, 내 삶을 더 아껴야겠다고 다짐했다. 치아는 단순하게 씹는 기능의 편리함만이 아니다. 제대로 씹는다는 것은 곧 삶을 건강하게 단단히 붙들고 있다는 증거다. 씹는 힘이 약해지면 뇌로 가는 자극이 줄고, 결국 치매 위험률이 높아진다고 한다. TV 광고에서 봤던 문구가 경종처럼 다시 느껴졌다.

가족 중 한 사람이 병에 걸리면, 온 가족이 간병이라는 더 큰 병을 앓는다.

가장 무서운 건 내가 나를 잃는 일, 그리고 그로 인해 사랑하는 사람들에게 짐이 되는 일이다. 그래서 더욱 건강은 '나만의 문제'가 아니다. 그 첫걸음은 잘 씹는 것에서 시작된다. 음식을 서른 번 이상 꼭꼭 씹으면 뇌가 자극받고, 치아와 위장도 건강해진다고 한다. 치과 치료가 모두 끝나고 나면, 나는 꼭 양쪽 치아를 골고루 써가며 서른 번 이상 씹어 먹을 것이다. 하루 세 번의 식사, 그 시간을 가볍게 넘기지 않을 것이다. 오늘도 거울 앞에 서서, 아직 부어 있는 얼굴을 조심스레 감싸본다. 그리고 속으로 다짐한다. 이 깨달음이 오래오래 나를 지켜주기를.

'이는 오복 중 하나.'

나는 이제 그 말의 무게를 절실하게 실감한다.

엄마, 열여덟의 꽃을 피우다

열여덟에 시집와서 나를 낳으신 엄마. 배냇저고리를 만들고 기저귀로 쓸 무명천을 삶아 볕 좋은 가을 햇살에 널면서 어린 엄마는 설레기도 하고 두렵기도 했다고 한다.

밭을 매던 엄마는 갑작스러운 통증에 하늘이 노래지는 것을 느꼈다. 그리고 이내 갓난아기의 울음소리가 들렸다. 언제 아팠냐는 듯 젖을 물리고 손가락 발가락을 세어봤다고 한다. 나는 엄마의 태를 감고 엄마의 호흡과 심장 소리를 들으며 자랐다. 땅속 열매가 여무는 소리, 바람결에 흔들리는 땅콩 잎 사이로 들려오는 파도 소리, 밭매는 호미질 소리, 엄마의 발걸음 소리 그 모든 것이 나를 키우는 자장가였다.

엄마는 시집올 때 남편의 얼굴조차 보지 못한 채, 집안 형편만 듣고 결혼을 결심했다고 한다. 친척 집에서 구박받으며 자란 엄마에게 시집은 희망이었을 것이다. 그러나 기대했던 것만큼 부유한 집안도 아니었고, 엄마는 살림살이에 보탬이 되기 위해 더욱 부지런히 살았다고 한다. 사람들은 엄마를 "군장굴댁"이라 불렀다. 고향 이름을 딴 그 호칭엔 엄마의 젊은 날과 삶이 모두 담겨 있었다.

첫딸은 살림 밑천이라고 하면서도 내심 첫아들이 아니어서 서운하셨단다. 그도 그럴만했다. 아버지는 육 형제 중 다섯째였는데 형들이 장가를 가서 다 첫아들을 낳았는데 엄마만 첫딸을 낳은 것이다. 섭섭함도 잠시, 엄마는 그저 내가 사랑스럽기만 했다고 하신다, 나는 태어나면서부터 몸이 약해 병치레가 잦아서 엄마의 속을 많이 끓게 했다.

그 시절엔 아파도 병원 가는 게 쉽지 않았다. 어려운 형편도 그렇고 병원도 흔하지 않아서였다. 세끼 밥만 잘 먹어도 든든한 보약이었다. 몸이 약한 나에게 엄마는 고기를 먹인다는 건 꿈도 꾸지 못했다. 60년대 초, 마을 잔치나 열려야 고기 한 점씩이라도 먹어 볼 수 있었다고 하니 참으로 궁핍하고 곤궁한 시절이었을 게다. 고기 대신 개구리를 잡아 개구리 죽을 쒀 먹였다고 한다, 개구리뿐만 아니라 메뚜기 등 엄마는 그런 곤충들이 단백질 섭취가 된다는 걸 어떻게 아셨을까. 양서류 과인 개구리는 실제로 프랑스에서는 몸이 약한 회복기 환자들이 개구리 수프를 만들어 먹었다고 한다.

시골 논바닥과 밭도랑, 산천에 널려있는 약초들은 엄마의 손이 닿으면 보약이 되었고, 엄마의 정성은 약보다 더한 힘이 되었다. 신기하게 엄마가 해주는 걸 먹으면 아프다가도 힘이 났다. 초등학교 입학 후 너무 약한 탓에 2학년을 올라가지 못하고 1학년을 두 번 다녀야 했다. 병원을 가보니 열이 많아서 생긴 병이라고 했다. 열을 내리는 데 좋다는 것은 다 먹어 봤다. 심지어 토끼 혓바닥까지, 그런 엄마의 정성으로 어느 때부터 열이 많던 증상은 서서히 사라지고 건강해졌다.

 엄마의 어린 시절은 참 불행했다고 한다.
 엄마를 낳은 해에 외할아버지가 돌아가셔서 얼굴도 모른다고, 외할머니는 엄마를 떼어놓고 재가하셨단다. 친척 집에 맡겨진 엄마는 초등학교도 졸업하지 못했다. 외할머니와 엄마는 같은 해 임신하셔서 나보다 몇 달 빠른 동갑내기 삼촌과 두 살 어린 삼촌이 있다. 옛날에는 그런 일이 흔한 일이라고 했다.

 엄마는 종종 삼베나 모시를 삼으러 외할머니댁으로 가셨다. 외할머니댁 마당에는 실을 잣는 긴 기둥이 서 있고 실을 잣기 위한 도구들이 있었다. 음력 7월에 벤 삼베는 푹 쪄서 껍질을 벗긴 다음, 빛이 고와지도록 가늘게 찢어 잘 말린 후 봄이 되면 물레로 자아 양잿물에 삶아서 여러 번 헹구어 냈다.
 맑은 물이 나올 때까지 씻어 햇볕에 잘 말려 베틀에 올렸다, 정갈하게 빗은 머리에 비녀를 꽂고 베틀에 앉아 있는 엄마는 참 고우셨다. 엄마의 발밑에서 철컥 철커덕 소리는 경쾌하고 듣기 좋았다. 햇빛과 물과 불의 시간을 더해 엄마의 섬세한 손길이 닿아야 빚어지는 작업, 실이 길을 잃지 않도록 정성을 들이면 결 고운 모시가 된다. 발을 구르면 철컥 소리가 나고 씨줄과 날줄이 교차 되면서 삼베가 되기도 하고 모시가 되기도 한다,

베틀에서 잘 빚어진 천을 가마솥에 삶아서 풀을 먹여 빨랫줄에 널어놓았을 때의 천에서 나는 냄새가 좋았다. 이렇게 빚어진 삼베나 모시는 결혼 예복이나 수의 등 신성한 곳에 쓰이며 귀한 대접을 받는다.

우리나라 베틀과 비슷한 원리는 세계적으로도 많다고 한다. 그 중에서 파인애플의 나뭇잎을 이용하여 실을 만들어 정교하게 짜인 피냐로 만든 필리핀 전통의상은 우리나라 모시처럼 혼인 예복이나 신성한 곳에 쓰임이 된다고 한다. 자연과 사람이 공존하는 세상은 어디에나 있으며 살아가는 가는 방법 또한 비슷할 것이란 생각을 해본다.

엄마와 내가 할머니 집에 머무를 때면 뒷산에서 호랑이 울음이 들리기도 하고 마당에는 산에서 나온 뱀이 기어다니기도 했다. 무섭기도 했지만, 나는 외할머니 집에 가면 신났다. 뒷산이나 들판은 나와 삼촌들의 놀이터였다.

엄마는 어린 시절, 할머니가 보고 싶을 때면 친척 집 담벼락 밑에서 울다가 맨드라미꽃을 보면서 서러움을 달랬다고 했다, 그래서인지 엄마는 맨드라미꽃을 좋아하고 마당에 맨드라미꽃을 심는다.

'엄마'라는 이름이 따뜻하고 부끄럽지 않게 살겠다고 다짐한 엄마, 가족이 그리웠던 엄마는 시집가면 자식을 많이 낳아야지 했

는데 정말로 칠 형제를 두셨다. 친척 집을 돌며 구박과 서러움으로 보냈던 어린 시절의 아픈 상처 때문인지 누구에게나 마음을 내주셨다.

  엄마는 내 삶을 지탱하는 힘이었다. 삼베를 짜듯, 정성을 짜는 손길로 우리는 엄마의 사랑을 먹고 자랐다.

  넉넉하고 사람 좋다는 소리를 덕담처럼 들으며, 칠 남매를 둔 군장굴댁 소원은 이루어졌을까,

  외할머니댁 마당과 삼촌들, 가마솥에서 구수하게 익어가던 옥수수, 감자, 베틀과 빨랫줄, 그 시간은 귀한 선물을 아껴두었다 꺼내 보는 내 기억 속 아름다운 풍경들이다.

고생 끝에 핀 '구실'

1. 낯선 길목에서

아들이 세무사 시험을 준비하겠다고 했을 때 내 마음은 무거웠다. 세무대학 출신도 아니고, 관련 일을 해본 적도 없는 아들이었기 때문이다. 선뜻 "한번 해 봐"라며 응원하기엔 걱정이 앞섰다.

아들은 아버지를 도우며 일하는 중에 우연히 세무 관련 자격증에 관심을 가지게 되었고, 조금씩 흥미를 느끼기 시작했다.

"공부하다 보니 적성에 맞는 것 같아."

담담한 한마디 뒤로 아들은 조용히 공부에 뛰어들었다. 책상 위엔 두꺼운 책이 하나둘 쌓이고, 그 책들의 무게는 머리를 지끈거리게 했다. 그 과정에서 아들도 나도 함께 지쳐갔다. 공부가 힘들 때마다 아들은 여수의 골목을 몇 시간이고 걸으며 마음을 다잡았다고 했다.

나는 아들을 위해 매일 같이 식사를 준비했다. 다른 건 해줄 수 없었지만, 밥상만큼은 따뜻하게 차려 주고 싶었다. 아들과 마주

앉아 밥을 나누던 그 시간이 하루 중 가장 귀하고 감사한 순간이었다.

2. 계절이 지나고, 마음이 견뎌내고

어느 날, 남편이 급성 간경화 진단을 받았다. 병원 치료와 사업을 함께 감당하기엔 무리였다. 결국 우리는 사업을 정리했다. 남편은 끝내 병을 이기지 못하고 세상을 떠났다. 남은 건 삶의 무게와 정리되지 못한 빚이었다. 딸과 나는 쉬지 않고 일했고 아들은 힘들고 버거운 현실에도 책을 놓지 않았다.

한여름엔 에어컨도 없이 선풍기 바람에 의지하고, 겨울엔 두꺼운 옷을 껴입고 전기장판 하나에 몸을 웅크렸다. 아들의 눈가엔 피곤보다 더 깊은 외로움이 스며 있었다. 하지만 가족은 아무도 소리 내어 울지 않았다. 우리 가족은 그렇게 묵묵히 계절을 건너갔다.

3. 그날, 이름을 불러주듯

2022년, 합격자 발표 날. 전화기 너머로 들려온 아들의 목소리, 그 첫마디를 듣자마자 나는 알 수 있었다.

'아, 이제 고생 끝났구나.'

숨조차 제대로 쉬기 어려웠던 순간. 나는 말없이 아들을 안아주고 싶었다.

"아들, 오랫동안 정말 애썼구나. 고맙고… 감사하네."

그동안 눌러왔던 눈물이 왈칵 쏟아졌다. 아들도 말했다.

"엄마! 아빠가 계셨으면 얼마나 좋아하셨을까."

그 말에 더는 말을 잇지 못했다. 아들의 합격은 단지 개인의 성취가 아니었다.

가족이 함께 견디어낸 시간의 결실, 그 깊은 울림이었다.

4. 구실이라는 이름

인턴을 마친 아들은 고심 끝에 개업을 결정했다. 경험이 부족하다는 걱정도 있었지만, 아들은 오히려 담담했다.

"지금이야말로 가장 좋은 시기예요."

사무실 이름은 '구실'.

세무, 공적인 직무, 국가에 대한 의무를 뜻하는 순우리말이다. 원래는 '구위실', '구의실'이라 불렸으며, 관가의 일을 맡는 사람을 의미하기도 했다.

아들은 그 이름에 세무사로서 철학과 책임감을 담았다. 정직하게 일하겠다는 다짐, 그리고 나아가고자 하는 방향이 고스란히 녹아 있는 이름이었다.

5. 여전히, 엄마는

요즘 아들은 '마을 세무사'로 봉사활동을 하며 영세한 납세자들을 돕는다. 책임감이 남다른 아이였다.

중학생 시절, 친구를 괴롭히던 아이를 말리다 오히려 오해받았던 일. 끝까지 책임지겠다고 말하던 아들의 모습을 나는 아직도 기억한다. 그때 느꼈다. 이 아이는 어떤 길을 가든, 자신만의 길을 걸을 수 있는 아이구나. 지금 아들은 한 사람의 세무사로, 한 가정의 든든한 버팀목으로 서 있다.

누구보다 성실했던 아들, 나는 그 아들이 자랑스럽다. 자식은 아무리 나이가 들어도 부모 눈에는 늘 아이다. 이제는 어엿한 성인이 된 아들이지만 밥은 잘 챙겨 먹는지, 운전은 조심히 하는지, 별것 아닌 걱정이 꼬리를 문다.

용기 있게 시작한 만큼, 더 단단한 결실로 이어지기를 격려하며 기도할 뿐이다. 격려와 응원을 아끼지 않고 보내주신 지인들에게도 진심으로 감사드린다.

이승훈

밤에만 풀벌레가 요란하게 우는 이유
수탉이 새벽마다 우는 이유
개미가 길을 잃지 않는 이유
새들이 V자 형태로 나는 이유

순천 출생

수필가 / 시인

한국문인협회 회원

부정기 간행 『테마수필』 발행인

계간 『출판과 문학』 발행인

순천문학회·동부수필문학회 회원

해드림출판사 대표

저서
시 집 : 『우리는 누구에게 절박한 무엇이 된다』(2022)
실용서 : 『자비출판』(2018)
          『자비출판, 반항해야 성공한다』(2023)
          『최무식의 무의식, 수면 중 잭팟 터트리기』(2024)
          『노벨문학상 수상자들의 글쓰기 분석』(2025)
          『국어사전에 숨은 예쁜 낱말』(2017)
산문집 : 『외삼촌의 편지』(2016)
          『어머니 당신이 있어 살았습니다』(2022)
수필집 : 『가족별곡』(2010)
          『도토리의 꿈』(2023)
타 로 : 『더 단단해지는 아픔』(2025)
          『타로와 스토리텔링』(2024)
          『타로심리상담사의 기본적 소양』(2024)
장편소설 : 『타로의 신』(2025)

밤에만 풀벌레가 요란하게 우는 이유

1

여름밤 시골집 마당을 거닐면 별들이 내려와 소란하게 재잘대는 듯하다. 은은한 풀벌레 소리다. 이른 아침 새소리보다 밤하늘을 신비로 물들이는 별들보다 여름이면 풀벌레 소리가 더 나를 정화한다.

밤이 찾아오면 세상이 잠잠해진다. 인적이 서서히 줄어들고, 밤낮이 없는 도회지가 아니고서는 자동차 소리도 사람의 말소리도 사라진다. 태양의 잔영이 사라지고 나면 그 틈을 비집고 들려오는 것이 있다. 바로 풀벌레 소리다. 귀기울이지 않아도 들려오는 이 섬세한 울음은 계절의 한가운데 서 있다는 신호처럼 다가온다. 그런데 왜 풀벌레는 낮이 아닌 밤에 우는 걸까? 단순히 낮보다 조용해서 잘 들리는 걸까, 아니면 풀벌레에게는 밤이 특별한 의미가 있는 걸까?

이승훈

풀벌레가 밤에 우는 이유는 본능적인 생존과 번식의 전략에서 출발한다. 대부분의 풀벌레, 이를테면 귀뚜라미나 매미의 사촌 격인 여치나 메뚜기류는 음향으로 의사소통을 한다. 특히 수컷이 암컷을 부르기 위해 우는 것이 일반적이다. 이는 짝짓기를 위한 구애의 신호다. 낮 동안은 햇빛이 강하고 주변 소음도 잦아, 이러한 신호가 효과적으로 전달되기 어렵다. 그러나 밤이 되면 기온이 낮아지고 주변 환경은 훨씬 조용해진다. 그 틈을 타 울음소리를 멀리까지 퍼뜨릴 수 있고 포식자의 눈을 피하기에도 더 유리하다. 곧, 풀벌레는 생존과 사랑을 위해 밤을 선택한 것이다.

또한 풀벌레의 울음은 단순한 '소리'가 아니라 복합적인 정보다. 각 개체는 고유한 주파수와 울음 패턴을 보여, 암컷은 그 소리를 통해 수컷의 종, 건강 상태, 크기 등을 판단한다. 우리가 들을 때는 단조롭고 반복적인 소리로 느껴질지 몰라도 풀벌레 세계에서는 정교하고 정직한 대화가 오가는 셈이다. 이 소리는 경쟁과 선택, 인내와 끈기의 결과물이며 밤의 침묵은 이 모든 서사를 고요히 감싸주는 무대다.

게다가 풀벌레의 울음은 계절의 언어이기도 하다. 여름이 깊어질수록 울음은 점점 풍성해지고 가을로 향할수록 낮아지고 느려진다. 우리는 때로 계절의 변화를 기온이나 하늘빛으로 느끼지만 귀를 기울이는 이들에게는 풀벌레의 울음이 더 정확한 시간의 증표가 된다. 여름의 절정에서 울려 퍼지는 맑고 빠른 울음, 그리고 가을바람에 실려 오는 느리고 애잔한 소리는 생명의 리듬이 계절에 맞춰 조율되고 있다는 자연의 진실을 일깨운다.

풀벌레는 어둠 속에서 더 잘 움직인다. 이는 그들의 생물학적 리듬, 즉 '야행성'이라는 특징 때문이다. 밤에 활동하는 것이 체온 조절에도 유리하고 포식자의 눈을 피하기에도 적절하다. 우리 눈에는 보이지 않는 풀숲 작은 존재들이 밤이 되면 본격적인 하루를 시작하는 셈이다. 빛이 사라진 시간, 그 어둠은 그들에게 오히려 더 명확한 신호이고 자유이며 생명의 무대다.

인간의 시선에서는 '작은 벌레 하나가 우는 것'에 불과할지 몰라도 그 울음 뒤에는 오랜 진화의 시간과 생존 전략이 배어 있다. 짝을 찾고, 존재를 알리고, 자신이 살아 있음을 선언하는 작고도 강한 울음. 그것이 바로 밤에 울리는 풀벌레 소리의 본질이다.

밤은 누군가에게는 끝이지만 또 누군가에게는 시작이다. 풀벌레가 밤에 우는 이유는 단지 조용해서가 아니다. 어둠 속에서야 비로소 살아 있음을 소리 낼 수 있기 때문이다. 인간 역시 깊은 밤 고요한 시간 속에서야 비로소 자기 존재의 울림을 느끼곤 하지 않는가. 풀벌레의 울음은 어쩌면 그 모든 존재의 작은 외침이자 세상 속에서 잊히지 않으려는 생명의 소리일지 모른다.

2

풀벌레가 밤에 우는 이유가 생존과 번식을 위한 자연의 리듬이라면, 그 소리를 듣는 인간의 마음은 또 다른 차원의 울림을 경험한다. 누군가는 그 소리를 듣고 여름날의 추억을 떠올리고, 누군가는 지친 하루의 끝자락에서 위로받는다. 단순한 곤충의 소리지만,

그것은 인간의 내면 깊은 곳을 건드리는 감정의 실마리가 된다.

어릴 적 시골에서 들었던 풀벌레 소리는 도시의 아파트 창 너머로 들려오는 것과는 다르다. 당시에는 그저 배경음처럼 여겼던 소리가 시간이 흐르고 삶이 복잡해질수록 더욱 선명하게 떠오른다. 시골 마당의 흙냄새, 별빛 아래 늘어진 그늘, 어른들의 웃음소리와 함께하던 그 밤의 풀벌레 울음은 마음 깊은 곳에 자리 잡은 고요한 기억의 언어다. 인간은 때로 말을 잊고 사는 존재지만 이런 소리는 감정의 문을 조용히 열어젖힌다.

풀벌레 소리는 시인의 귀에는 시구가 되고 음악가의 마음에는 선율이 된다. 쓸쓸한 이에게는 위로가 되고 고요를 원하는 이에게는 잠든 심장을 쓰다듬는 손길이 된다. 풀벌레는 인간을 향해 소리 내는 게 아니다. 들려주려 하거나 이해받으려 하지 않는 그 자연스러움이 오히려 가장 깊은 공감을 낳는다.

가끔은 홀로 있는 시골집 방에서 창을 열고 풀벌레 소리를 듣는다. 그 소리 사이사이로 흘러드는 바람, 가끔 마을 밖에서 지나가는 자동차의 소리 그리고 내 안의 침묵이 겹친다. 그때야 비로소 오늘 하루 내가 무엇을 느꼈고 무엇을 놓쳤는지 무엇을 참았는지 천천히 돌아볼 수 있게 된다. 풀벌레의 울음은 침묵과 침묵 사이를 메우는 가장 시적인 음악처럼 인간에게 귀 기울임의 시간을 선물한다.

결국 풀벌레가 밤에 우는 이유와 그 소리를 듣는 인간의 감정은 서로 닿아 있다. 어둠 속에서야 비로소 존재를 드러낼 수 있는 생명과 고요 속에서야 비로소 자신을 마주할 수 있는 인간. 둘은 서로 다른 생명이지만 밤이라는 시간 속에서 함께 살아가고 있다. 어쩌면 풀벌레의 울음은 살아 있다는 것을 증명하려는 존재들의 조용한 연대가 아닐까. 그리고 인간은 그 연대의 소리를 귀 기울여 듣는 유일한 생존자일지도 모른다.

수탉이 새벽마다 우는 이유

어머니를 위해 서울과 시골의 두 집 살림을 시작하면서 나를 가장 먼저 일깨운 감성은 새벽이면 일제히 울어대는 수탉이었다. 시골집 창문을 타고 스며드는 푸르스름한 새벽빛과 함께 들려오는 그 울음소리는 도시가 깨어나는 소리와는 전혀 다른 울림으로 다가온다. 새벽 다섯 시쯤 일어나는 내게 마을 수탉들은 마치 오래된 의식을 이어받은 사제처럼 "오늘 하루도 잘 살아내라"라고 외치며 '꼭 이요!' 하고 다짐을 받는다. 도시에서 잊고 살았던 생명의 리듬이 다시금 나를 감싸며, 나는 자연스럽게 하루를 시작할 준비를 하게 된다.

새벽녘 수탉 울음을 들을 때면 비로소 내가 질곡의 도시를 벗어나 내가 살아야 할 곳에서 숨 쉬고 있다는 생각이 든다. 그 울음은 단순한 습성이 아니라 이곳에서 살아가는 존재들이 서로를 깨우며 연결되고 있다는 신호처럼 느껴진다. 빼곡한 빌딩 숲에서 날숨과 들숨조차 계산하며 살아야 하는 서울의 삶과 달리 이곳에서는 수탉의 울음 하나에도 내가 어디에 있고 어떤 리듬 속에서 살아야 하는지 직관적으로 깨닫게 된다. 도시에서는 느낄 수 없는, 숨을 쉰다는 감각 자체가 생명의 충만함이라는 사실을 매일 새벽 수탉의 울음을 통해 일깨워 간다.

수탉은 어둠 속 시간의 수호자이다.

새벽 어스름이 하늘 가장자리를 어루만지기 시작하면, 마치 정해진 의식처럼 수탉의 울음이 들려온다. "꼬끼오!" 그 익숙한 소리는 오랜 세월 인간의 삶과 함께 아침을 열어온 신호였다. 누가 가르쳐주지 않아도, 누구의 명령을 기다리지 않아도 수탉은 때가 되면 울었다. 과연 왜 수탉은 새벽마다 우는 것일까?

첫 번째 이유는 바로 수탉이 시간을 알고 있기 때문이다. 인간은 시계를 들여다봐야 아침을 알지만, 수탉은 자신 안에 시계를 품고 산다. 과학적으로 말하면 수탉의 뇌에는 '시교차상핵(SCN, suprachiasmatic nucleus)'이라는 생체 시계가 자리 잡고 있다. 이 작은 생물학적 센터는 23.8시간에서 24시간 주기로 작동하며 하루의 흐름을 오차 없이 조율한다. 심지어 연구에 따르면 수탉을 창문 없는 어두운 방에다 가두어도 그 울음소리는 여전히 일정한 시각에 들려온다. 즉, 빛이 없어도 새벽이 다가오고 있음을 알고 있다. 이는 마치 자연이 새긴 정교한 음악의 리듬을 한 치의 오차도 없이 연주하는 작은 생명체와도 같다.

하지만 이 정밀한 생체 시계는 환경 자극과도 연결되어 있다. 특히, 수탉은 어둠과 밝음 사이의 찰나 같은 순간, 즉 '해 뜨기 직전'의 미세한 빛의 변화에 아주 민감하게 반응한다. 하늘이 완전히 밝아오기 전, 서서히 퍼지는 푸른 여명은 수탉의 망막과 송과선을 자극하여 멜라토닌의 분비를 억제하고 활동 개시 신호를 보낸다. 이 생리적 변화가 울음이라는 소리로 이어진다. 수탉의 울음은 단지 시각적으로 느끼는 아침의 표현이 아니라 생리학적 각성의 산물이며 자연의 변화에 대한 본능적 응답이다.

더불어 수탉의 새벽 울음에는 단순한 시계 알람 이상의 사회적, 생존적 의미도 숨어 있다. 흥미롭게도 암탉은 거의 울지 않으며 울음의 주인공은 오직 수탉이다. 이는 울음이 단순한 아침 알림이 아니라 영역과 서열을 선언하는 상징적 행위이기 때문이다. 자연 상태에서는 한 영역에 보통 수탉은 한 마리만 존재하며 이 수탉은 울음으로 자신의 존재를 과시하고 외부의 침입자로부터 암탉과 영토를 지키려 한다. 만약 여러 마리의 수탉이 있다면 어떨까. 우두머리가 가장 먼저 울고 그다음 서열이 정해진 순서대로 뒤따를 것이다. 울음조차 질서 속에 있으며 수탉의 소리는 곧 권위다.

결국 수탉의 새벽 울음은 단순히 아침을 알리는 동물이 아니다. 시간을 인지하고 빛을 감지하며 사회적 역할까지 수행하는 복합적 존재임을 보여준다. 어두운 밤의 끝에서 가장 먼저 깨어나는 이 울음은 고요한 세계에 생명과 질서를 알리는 선언이다. 인간이 시계와 알람에 의존해 하루를 시작한다면, 수탉은 자신에게 새겨진 생명의 리듬을 따라 가장 자연스러운 방식으로 아침을 연다.

오늘 새벽, 또다시 들려올 그 울음은 단순한 반복이 아니다. 그것은 어둠을 밀어내는 생명의 소리이자 시간의 흐름 속에서 가장 먼저 깨어나는 자연의 사자(使者)다. 그래서 수탉은 울 자격이 있다. 그리고 그 소리를 듣는 우리는 자연과 생명, 그리고 시간의 질서 안에서 다시 하루를 시작한다.

개미가 길을 잃지 않는 이유
_흔적을 남기며 걷는 삶의 방식에 대하여

길을 걸을 때 개미가 보이면 밟을까 봐 피해 다닌다. 신앙적인 이유가 아니라 비록 미물일지라도 어쩐지 개미는 신령한 느낌이 들어서다. 해드림출판사 예전 사무실이 있던 서울 구로구 온수동에는 오류동에서 광명으로 이어지는 죽은 철길이 있었다. 열차가 안 다니니 이 철길은 사람들의 산책로였다. 어느 날, 철로 아래 깔린 자갈 위를 개미 한 마리가 기어가고 있는 것을 보았다. 인간에게는 작은 돌멩이일 뿐이지만, 끝없이 깔린 자갈을 헤치고 어딘가를 찾아가는 개미가 신비로운 느낌을 주었다. 숱한 장애물을 헤치며 목적지를 찾아가는 개미에게서 나 자신을 보는 것 같기도 하였다. 아무리 자갈이 첩첩산중처럼 다가와도 개미는 절대 길을 잃지 않을 거라는 생각이 들었다.

작은 몸집의 개미는 인간의 발끝에도 미치지 못한다. 하지만 그 작디작은 생물들이 이룩한 질서와 공동체의 구조, 그리고 '길을 잃지 않는 능력'은 종종 인간의 이성과 과학의 언저리를 건드린다. 개미는 복잡한 지형에서도 헤매지 않고 목적지를 향해 일직선으로 걷는다. 그러다 무언가를 발견하면 다시 일직선으로 되돌아간다. 혼자 걷는 듯 보이지만, 사실 그 발아래에는 보이지 않는 '지도'가 있다. 그 지도는 잉크로 그린 것도, 디지털 신호로 된 것도 아니다. 바로 개미가 자기 몸에서 분비한 페로몬(pheromone)이라는 화학물질로 만든 길이다.

개미가 걷는 길은 단순한 이동의 경로가 아니다. 그 길은 '공유된 기억'이고, '지속되는 흔적'이다. 일개미가 먹이를 찾아 나설 때, 그 발자국마다 페로몬이 남겨진다. 그 흔적을 따라 다른 개미들도 움직인다. 그 길을 걷는 개미는 다시 자신의 페로몬을 덧칠해 강화한다. 길이 반복될수록 더욱 뚜렷해지고 더 많은 개미가 그 길을 따른다. 누군가가 앞서 지나간 길에 자신의 존재를 보태며, 마침내는 하나의 거대한 네트워크가 완성된다. 이 네트워크는 지도나 말이 필요 없다. 몸으로 말하고 발로 기록하며 향기로 소통하는 생물들의 집단지성이다.

놀라운 건, 개미들은 수학적 계산이나 논리적 사고 없이도 이 시스템을 완벽하게 작동시킨다는 점이다. 자신이 어디서 왔는지 어디로 가야 하는지 후각의 기억으로 판단한다. 마치 정겨운 집 냄새를 기억하는 어린아이처럼 개미는 향기로 방향을 찾는다. 어떤 개미는 페로몬의 농도가 짙은 쪽으로 움직이고 어떤 개미는 희미해진 자취를 따라 새로운 길을 모색한다. 혼돈 속에서 질서를 찾는 이들의 전략은 인간이 '혼자서 살아갈 수 없는 존재'라는 사

이승훈

실을 되새기게 한다.

개미는 이타적인 생명체다. 먹이를 발견한 순간 혼자 먹지 않고 곧장 다시 집으로 향해 그 사실을 알린다. 돌아가는 길도, 이미 지나온 페로몬 길을 따라가기에 헤맬 이유가 없다. 다시 말해 개미가 길을 잃지 않는 이유는 혼자 걷지 않기 때문이다. 먼저 걸은 누군가의 흔적을 믿고 따르며, 자신 또한 흔적을 남겨 다른 이를 돕는다. 개미는 누구보다 협력적이고 기억하는 존재다.

인간은 정보를 말과 글로 기록한다. 그러나 개미는 침묵 속에서도 흔적을 남긴다. 누가 더 진보적이고 누가 더 원시적인가의 문제는 아니다. 서로 다른 방식으로 생존의 언어를 만들어 왔을 뿐이다. 다만 개미의 방식은 우리에게 이렇게 묻는다.

"당신은 누군가에게 길이 되는 삶을 살고 있는가?"

현대는 경쟁의 시대라 한다. 서로 앞서기 위해 등 떠밀며 살아간다. 그러나 진정한 길은 뒤에서 따라오는 누군가를 위해 남기는 흔적에서 비롯된다. 우리가 누군가의 본보기가 되었을 때, 우리가 걸어온 길이 '사라지는 길'이 아닌 '이어지는 길'이 될 때, 그 길은 비로소 의미가 있다. 개미처럼 말이다.

개미는 작다. 그러나 매일 성실하게 걷는다. 먹이를 찾고 식구를 돕고 길을 만든다. 단 한 번도 자기만의 안락함을 위해 길을 닫지 않는다. 그러니 이 말이 결코 과장이 아닐 것이다.

"개미는 길을 잃지 않는다. 왜냐하면 그들은 서로의 흔적을 기억하기 때문이다."

이제 우리에게도 묻자. 우리는 서로를 위한 향기로운 흔적을 남기며 살아가고 있는가? 아니면, 내 뒤에 오는 이는 스스로 길을 찾도록 내버려 두는가? 삶이라는 이 복잡한 미로 속에서 누군가에게 길이 되어주는 일. 그것이 가장 인간적인 행동인지도 모른다.

새들이 V자 형태로 나는 이유

 겨울 아침 시골집 마당을 거닐다 보면 멀리 마을 앞 들판에서 꽤 시끄러운 흑두루미 울음소리가 들려온다. 겨울이면 순천만에는 수천 마리의 흑두루미가 찾아와 비행의 장관을 이루곤 한다. 수년 동안 찾아와 익숙해졌는지 사람이 가까이 다가가도 잘 날아오르지 않는다. 흑두루미는 순천만 한 곳에서만 겨울을 보내는 게 아니다. 일부 흑두루미는 인근 시골 마을까지 찾아온다.

 순천 고향 마을 앞 들판에도 겨울이면 한 무리의 흑두루미가 찾아와 겨울을 지낸다. 어쩌면 들판 건너뜸이 개펄 바다여서 흑두루미가 머물기 좋은 환경인지도 모른다. 그곳 개펄 바닷길을 산책할 때면 흑두루미 무리가 V자 형태로 비행하는 모습을 목격하게 된다. 그들의 질서정연한 비행 모습을 볼 때마다 신비로울 뿐이다.

 새들이 V자 형태로 나는 이유는 하늘을 나누는 지혜이다. 하늘을 올려다보면 하늘을 가르며 북쪽에서 남쪽으로 유유히 날아가는 새 떼가 보인다. 그들은 마치 한 치의 어긋남도 없이 V자 형태를 이루며 비행한다. 누가 지시라도 한 듯 질서정연한 그 움직임은 자연 속에서 가장 정제된 군무 같고 하늘을 나누어 갖는 하나의 지혜로운 약속처럼 느껴진다. 단순히 그 아름다움에 대한 찬사만이 아니다. 왜 새들이 V자 대형을 택하는지 그리고 그 안에 담긴 놀라운 생존의 원리와 협력의 메시지를 함께 들여다본다.

바람을 이기는 비행술로 에너지를 절약한다. 새들이 V자 형태로 나는 가장 과학적인 이유는 '기류'를 활용하기 위함이다. 선두에서 나는 새가 날갯짓하며 만들어내는 공기 흐름은 그 뒤를 따르는 새들에게 양력을 제공해 준다. 날개 끝에서 생긴 소용돌이의 가장자리에는 '상승기류'가 발생하며, 바로 그 상승기류를 뒤따르는 새들이 활용하는 것이다. 이러한 방식은 에너지 소모를 약 70%나 줄여준다.

즉, 혼자 하늘을 나는 것보다 함께 날 때 더 멀리, 더 오래 날 수 있다는 사실을 새들은 이미 알고 있는 셈이다. 마치 우리 삶도 그렇지 않은가. 혼자서는 금세 지치지만, 함께 걸어가는 이가 있을 때는 훨씬 멀리 갈 수 있다. V자 비행은 단순한 대형이 아니라 생존을 위한 협력의 구조다.

선두에 서는 새는 교대를 한다. V자 비행의 또 하나의 중요한 원칙은 선두를 교대로 맡는다는 것이다. 가장 앞에서 나는 새는 상승기류의 도움을 받지 못하기 때문에 에너지를 가장 많이 소모하게 된다. 그래서 한 마리가 일정 시간이 지나 지치면 뒤에 있는 새가 앞으로 나아가 자리를 교체한다. 이는 철저한 협력과 배려의 결과이며 경쟁이 아닌 순환의 리더십이다.

이승훈

이 장면은 자연이 주는 리더십의 교훈을 전해준다. 책임을 혼자 지는 것이 아니라 힘닿는 만큼 기여하고 그 역할을 나누며 이어가는 순환의 리더십. 인간 사회도 이처럼 돌아간다면 누군가는 지쳐 쓰러지지 않아도 되는 세상이 될 수 있을 것이다.

또한 새들은 비행 중 끊임없이 소리를 낸다. 이 소리는 방향을 알려주는 역할도 하지만, 그보다 더 중요한 것은 서로의 존재를 확인하는 방식이라는 점이다. 한 대열 속에 있음을 확인하고 속도가 어긋나지 않도록 조율하며 서로가 함께 있음을 말하는 따뜻한 방식이다. 말하자면, "나 여기 있어. 넌 괜찮아?"라는 물음과 답이 오가는 것이다.

어쩌면 인간의 언어도 본래는 그런 것이었을지도 모른다. 존재를 확인하고 곁에 있음을 전하며 한 무리를 이루어 살아가는 방식으로서의 언어. V자 형태로 날아가는 새들의 소리는 그렇게도 조용히 그러나 분명하게 서로를 연결해 주는 삶의 언어다.

하늘의 글씨는 우리가 배우는 공동체의 문법이다. V자 대형은 멀리서 보면 마치 하늘 위에 새겨진 하나의 글자 같다. 그것은 'Victory(승리)'의 V처럼 보이기도 하고, 'Voyage(여정)'의 시작을 알리는 기호 같기도 하다. 그러나 그 글자는 결코 혼자 만들어지지 않는다. 수십, 수백 마리의 새들이 자신이 있어야 할 위치에서 서로의 자리를 존중하며 그리는 글자다.

그 모습은 우리가 살아가는 공동체를 연상케 한다. 누군가는 앞에서 방향을 잡고 누군가는 뒤에서 응원하며 누군가는 소리를 내어 길을 알린다. 모두가 제자리를 지키며 함께 앞으로 나아갈 때, 우리는 보다 멀리 더욱 단단하게 날 수 있다.

V는 단지 대형이 아닌, 삶의 철학이다. V자 형태로 날아가는 새들은 그 자체로 하나의 철학을 품고 있다. 힘을 나누고 책임을 나누며 서로의 존재를 확인해주는 삶의 방식. 그 비행은 자연이 인간에게 전해주는 협력의 교과서이자 관계의 기술이다.

다음에 새 떼가 하늘을 가르며 날아가는 모습을 보게 된다면, 그 모습에 담긴 수많은 지혜를 다시 떠올려보게 될 것이다. 그리고 이렇게 말할 수 있을지도 모른다.

"새들은 하늘을 나는 것이 아니라, 함께 존재하는 법을 날갯짓으로 말하고 있다".

2004년 〈수필과 비평〉 등단

여성동아 〈쓰고 싶은 이야기〉 당선. 1979년

제10회 〈전국주부편지쓰기〉 동상 1995년

〈벼룩시장 생활수기〉 부분 지역 장원 1999년

제2회 〈대한생명가족사랑편지쓰기〉 동상 2003년

제15회 〈전남·광주여성백일장〉 차상 2003년

전남대학교 평생교육원 문예창작과 3기 수료

저서

「또 하나의 고도」(수필집)

양달막

기타 단상
코피 루왁
황혼
김밥

기타 단상

　방안의 장롱 위엔 오래된 기타가 하나 있다. 시아버지의 유품이다. 나는 시아버지 얼굴을 흑백사진 속에서만 봤다. 짙은 눈썹과 큰 눈, 살이 빠진 모습은 사진으로 본 시인 김수영을 닮았다.
　"아버지는 진정한 낭만주의자였어."
　남편은 아버지를 이렇게 정의했다.
　초등학교 교사였던 시아버지는 학교에서 음악 시간이면 오르간을, 집에서는 기타를 치셨다고 했다.
　시아버지가 돌아가신 후로 오래도록 장롱 위에 놓였던 그 기타 상태가 궁금해서 내린 적이 있다. 까만 케이스에는 먼지가 재처럼 앉아 있었다. 요즘 대중적인 비닐 케이스가 아닌, 천에 풀을 먹여서 만든 것처럼 뻣뻣한 케이스였다. 오랫동안 줄을 풀어놓지 않은 기타는 등이 굽었다. 몸통과 줄 사이가 많이 벌어져서 맑은소리가 나지 않았고 소리도 샜다. 다시 새 줄을 달아도 제소리를 낼 수 없을 것이다. 노인의 굽은 등을 펴기 힘든 것처럼 이제야 줄을 풀어놓는다고 해도 몸통은 제 자리로 돌아오지 않는다.

아버지의 기타를 본 남편은 기타를 배우고 싶다고 했다. 남자들이 둘러앉아 막걸리를 마시면서 기타 반주에 트로트를 부르는 동영상을 가끔 보는 걸 보면 아버지 생각을 하는 거 같았다. 내가 기타 치는 걸 가르쳐준다고 하자 배우기 어려울 거 같다며 망설였다. 뭐든지 알고 나면 쉽다.

나는 20대에 '타레가'라는 이름이 붙은 음악학원에서 기타를 배웠다. 타레가는 기타의 아버지라고 불리는 스페인 출신의 기타리스트다. 학원에 간 첫날, 기타를 잘 치는 수강생들이 부러웠다. 어느 수강생을 가리키며 배운 지 몇 달이나 됐느냐고 원장에게 물었다. 1주일이 조금 넘었다고 했다. 설마? 했는데 역시 내가 배워보니 그렇게 오래 걸리지는 않았다. 맨 처음 배운 노래는 코드 4개로 칠 수 있는 '이루어질 수 없는 사랑'이었다. 처음엔 코드를 짚는 왼쪽 손가락이 아팠지만, 굳은살로 변하면서 감각이 무뎌졌다. 두 달 배운 후, 집에서 기타 코드가 적힌 가요 책을 보면서 혼자 연습했다. 전체 음을 높일 때의 코드는 어렵다. 그때는 쉬운 코드로 바꿔주는 카포를 이용한다.

기타를 배우고 싶다던 남편은 시간이 흘러도 배우고 싶은 마음이 없어 보였다. 기타가 배우고 싶은 게 아니라 아버지에 대한 그리움의 표현이었나 보다. 그 아버지가 결혼 전에 써놓은 일기를 나는 간직하고 있다. 허드렛물건을 쌓아놓은 곳에서 찾아냈다. 누런 갱지에 적힌 일기는 서기가 아닌, 단기로 시작됐다. 알아볼 수 없는 글자가 있고 한글 표기법도 요즘과 다른 곳이 있었다. 그중에서 어느 봄날의 일기는 이랬다.

4282년 4월 21일 목요일
'한정 없이 늦게 일어났다. 그제도 사라지지 않는 벚꽃, 아침에 내린 비에 색이 좋고 찬 기색이 있는 날씨였다. 여전과 틀려 보리 동이 올라 패는 것이 갈수록 많아지고 대단 키도 커졌으며 익는 것을 앞두고 쑥쑥 잘 자란다.
아침밥을 먹고 등교하니 비가 내린 후라 차워 봄의 맛이 먼 곳으로 가는 듯 하며 뇌성은 울렁울렁하며 천지를 진동한다.
시간이 빠른가 때가 데였든가 흘러가는 물같이 점심때는 닥쳐왔다. 동생으로부터 부친님이 오셨다는 기보를 듯고 기다리던 『여수부르-스』의 악보를 찾았으나 가방에는 보이지 않았었다.
저녁밥 때에 부친임은 도라 오셨다. 진지 자신 후에 물어본 결과 『여수부르-스』를 못 얻어 오고 말었다. 이 다음 기회를 바래보나 대단 섭섭하게 느껴졌다. 10시 50분'

맨 끝의 시간은 취침 시간이다. 단기를 서기로 바꾸니 1949년이다. '여수 부르스'라는 악보를 못 구해서 아쉬워하는 시아버지 마음을 읽을 수 있었다. 기타 연주를 하고 싶었음이 분명하다.
남편에게 기타를 배우라고 한 것은 기타를 치면서 아버지에 대한 그리움을 풀 수 있지 않을까 해서다. 서로 다른 이념으로 같은 민족끼리 상대편을 적으로 삼아야 했던 사건으로 애먼 사람이 많이 희생됐다. 시아버지도 희생자의 한 사람으로 파출소에서 몹쓸 짓을 당해 건강이 악화해서 교직을 그만두셨다. 일터로 나간 아내에게 미안해하며 집에서 책 읽는 것과 기타 연주로 시간을 보내셨다는 분이다.

기타든 뭐든 터득하기 전에는 어렵다. 계속하다 보면 조금씩 나아지고 나중엔 익숙해진다. 가수인가 싶을 정도로 노래를 잘 부르는 거리 악사를 봤다. 처음엔 저런 실력이 아니었어도 하루에도 수십 곡을 부른 세월이 길어지면서 그렇게 됐을 것이다. 등이 굽은 기타를 보면서 남편은 선친에 대해 그리움을 풀 뿐이었다.

"너는 뭐든 의논할 수 있는 아빠가 있어서 다행인 줄 알아라."

언젠가 남편은 군 제대를 한 아들에게 농담처럼 말했다.

자기가 전역하고 왔을 때 아버지는 안 계셨다고 했다. 주위에 사람은 많지만 힘들 때 의논할 사람이 없다는 게 슬펐다는 말도 덧붙였다. 그 아버지를 생각하며 제 역할을 못 하는 기타를 버리지 못한 마음을 나는 이해한다. 나는 더 이상 굽지도 않을 것 같은 기타 두 줄을 느슨하게 푼 다음, 다시 장롱 위로 올렸다. 그 기타에 세월만큼의 먼지가 더 쌓였을 것이다.

코피 루왁

　한 잔에 5만 원에서 20만 원까지 한다는 코피 루왁이 있다. 코피(kopi)는 인도말로 커피라는 뜻이다. 인도의 루왁이라고 불린 사향고양이 배설물에 섞인 커피콩으로 만든다. 그 커피가 유명하다는 건 알지만 주위에 이 커피를 파는 카페를 아직 보지 못했다. 설령 있다고 해도 도저히 사 먹을 수는 없는 가격이다. 얼마나 맛있기에 이렇게 비싼 것인지 궁금했지만 맛을 볼 기회는 없었다.
　그런데 지인이 해외 어느 나라의 친척에게 받았다며 사향고양이 배설물을 내게 줬다. 굳은 배설물에 커피콩이 잔뜩 박혀 있었다. 드디어 루왁커피를 마실 수 있겠다는 생각에 감동이 밀려왔다. 인터넷 검색을 해서 마실 수 있는 커피가 되기까지의 순서를 읽었다. 배설물을 일단 씻어서 커피콩만 가려냈다. 비싼 커피라는 생각에 배설물이 더럽지 않게 느껴졌다.
　시각과 후각이 예민한 사향고양이는 잘 익은 커피 열매만 골라서 따 먹는다. 고양이 몸속에 있는 효소가 커피 열매에 있는 단백질을 분해해주는 소화 과정을 통해 최상의 커피가 만들어진다. 게다가 껍질과 과육은 소화되고 씨만 배설하다 보니, 껍질까지 벗겨내야 하는 사람들의 번거로움과 귀찮음까지 덜어준다. 사람들은 배설물을 거둬 씻은 후에 원두만 모은다. 이 원두를 말렸다가 볶는 과정을 거친다. 소비자는 원두 혹은 갈아놓은 커피를 선택하면 된다.

나도 이런 과정을 따라 했다. 햇볕에 말린 원두를 로스터가 없는 나는 프라이팬에서 볶았다. 불을 세게 하면 탈까 봐 약한 불에서 조심스럽게 저었다. 볶은 콩이 식자마자 분쇄기에 갈았다. 커피를 싫어하는 사람도 커피 갈 때의 향은 좋다고 한다. 간 커피의 향이 날아갈까 봐 재빨리 밀폐용기에 넣었다. 맛이 궁금해서 그 자리에서 한 잔 만들기로 했다. 물이 끓는 동안 드리퍼에 여과지를 깔았다. 물이 다 끓은 후에 여과지에 커피를 한 숟갈 넣었다. 끓인 물을 커피가 젖을 만큼만 부었다. 30초 후에 한쪽으로 돌려가면서 천천히 물을 부었다. 쪼르륵 커피 물이 드리퍼 안으로 떨어진다. 제일 예쁜 머그잔을 꺼내 뜨거운 물로 데웠다.

나는 하루에 커피 두 잔을 마신다. 우리나라 국민의 하루 평균치라고 한다. 드디어 다 내린 커피를 머그잔에 따라 향을 맡았다. 별 향이 느껴지지 않았다. 설렘과 기대를 하면서 한 모금을 마셨다. 쓴맛이 줄고 케이크와 캐러멜 향 등 온갖 오묘한 맛을 느꼈다는 사람이 많았는데 내게는 그저 연한 숭늉 맛이었다. 차라리 우리가 마시고 있는 블루마운틴이 훨씬 나았다. 갑자기 미각을 잃은 건 아니다. 어쩌면 말리거나 볶는 과정 혹은 물의 온도와 양을 못 맞춰서 제대로 된 맛이 안 날 수 있다. 바리스타라는 직업이 얼마나 섬세함을 요구하는지 새삼 깨달았다.

뒤에 어느 분의 글을 읽어보니 로스팅한 커피는 바로 밀폐용기에 넣으면 제맛이 나지 않는다고 했다. 이산화탄소가 빠져나간 다음에 보관해야 한단다. 커피 봉지 안쪽에는 바늘로 뚫어놓은 것 같은 숨구멍이 몇 개 나 있다. 내부 가스는 밖으로 보내고 바깥 공기가 들어오는 걸 막아주는 '원에이 밸브(1 way valve)'다. 원두를 볶을 때 발생하는 가스로 터질 듯한 봉투의 팽창까지 막아준다.

여러 상표의 커피를 놓고 맛을 보라고 하면 나는 구분하지 못한다. 언젠가 기초 화장품 이름을 알려주지 않고 여자들에게 발라보라는 실험을 한 TV를 봤다. 결론은 고가와 저가의 화장품을 가려내지 못했다. 어린이가 그린 것 같은 그림을 피카소나 고흐가 그렸다고 하면 그게 명화로 불린다. 내가 유명상표를 몸에 지녀도 사람들은 모조품이라고 판단할 수도 있다. 진짜와 가짜, 비싼 것과 싼 것의 차이는 크게 없다는 결론이다. 선입견으로 그 상표 가치를 판단하는 경향이 우리에게는 있다.

희소성과 독특한 생산과정으로 값이 비싸다는 루왁을 마신 뒤의 감동은 내게 없었다. 그 커피의 인기가 높아지면서 생산자들의 상업적인 욕심도 늘었다. 자연 속에서 맘껏 뛰놀던 고양이 배설물에서 나온 열매가 맛있다는 걸 안 사람들은 더 많은 커피를 생산하기 위해 사육을 시작했다. 커피 만드는 기계로 전락한 사향고양이들은 좁은 우리 안에서 사람들이 넣어주는 커피 열매를 강제로 먹는다. 아무리 맛있는 반찬이라도 몇 끼를 계속 먹으면 질리게 마련이다. 잡식성인 고양이에게 커피 열매만 먹이니 스트레스가 쌓이고 영양 부족에 수명마저 짧아진다. 그런 게 동물 학대로 이어지면서 논란이 되기도 한다. 어느 농장에는 '우리는 사향고양이를 주기적으로 운동시키고 3개월이 지나면 밖으로 보내준다'라는 문구가 붙었다고 한다. 학대당하는 동물을 알면서도 사람들은 최고라는 걸 포기하지 못하나 보다. 물론 진정한 맛을 아는 사람이라면 다르겠지만 말이다.

그 비싼 커피를 한 잔 사 마시느니 나는 쌀 한 포대를 사겠다. 고양이 똥 후에 다람쥐, 코끼리, 족제비 똥 커피까지 나온다니 이러다가 세상의 동물이 커피 만드는 기계가 되는 건 아닐까 하는 노파심이 생긴다. 내게 전혀 감흥을 주지 못한 루왁이지만 진짜라고 믿으면 참맛을 느끼지 않을까. 시중의 80%가 가짜라는 글도 있었다. 키가 닿지 않는 포도를 가리키며 '저 포도는 분명 시고 맛이 없을 거'라고 했던 이솝우화의 여우 같은 심보인지 모르겠다.

양달막

황혼

 손잡고 걷는 노부부의 모습이 예전에는 아름다웠다. 지금은 쓸쓸함도 함께 보인다. 나도 더 이상 젊지 않아서다. 나이 듦의 표현을 인생의 황혼이라고 한다. 살아온 날이 더 길었다는 의미이기도 하다.
 노부부의 뒷모습은 많은 생각을 자아낸다. 머리는 하얗고 어깨는 구부정하다. 배구공 하나가 들어갈 것처럼 무릎이 벌어진 다리의 걸음이 느리다. 서두르는 기색이 없다. 그동안 바쁘게 살아온 것만으로 충분하다. 호기심 많은 아이처럼 뒤를 돌아보지 않는다. 고개 돌리기가 힘들어서는 아니다. 그 길을 다시 걷고 싶지 않을 수도 있다. 그 시절로 돌아간들 평탄한 길만 걷는다는 보장은 없다.
 애면글면 키운 자녀는 부모 곁을 떠났다. 끝까지 곁에 있어 줄 사람은 배우자다. 악처 한 사람이 열 효자보다 낫다, 라는 말이 어불성설이라고 생각한 적이 있었다. 지금은 안다. 자녀가 떠난 후에라도 곁에 있어 줄 사람은 배우자라는 걸. 둘이 잡은 손에 힘이 없더라도 넘어지지는 않을 거라는 믿음이 있다.

 노인을 부축하면서 속도를 맞추고 걷는 여자가 딸이거나 며느리라고 생각했다. 어린 시절 빼놓고 한 번도 엄마 손을 잡고 걸어 본 적이 없는 나는 그들이 부러웠다. 젊은 쪽의 여자가 효도를 잘하는 거로 생각했는데, 노인을 돌보는 요양사였다. 세상에 둘이어서 아름다운 모습이 많다. 노인 혼자 뒷짐 지고 걷는 모습은 쓸쓸하다. 할머니들은 실버카를 밀고 다니지만, 할아버지가 실버카를 미는 모습은 보지 못했다. 남우세스러웠을까. 마지막 남은 자존심이었을까.

 노부부는 오래 걷는 게 힘들다. 몸무게는 가벼워졌지만, 다리 무게는 천근이다. 의자가 보이면 슬로비디오 화면처럼 천천히 앉는다. 앉아서 밭은 숨을 쉬면서 허리를 두드린다. 허리가 아프니까 세상의 모든 게 의자로 보인다는 이정록 시인의 글에 무릎을 칠 수밖에 없다. 노년의 시어머니와 시내에서 쇼핑할 때면 어머니는 앉을 곳부터 먼저 찾았다.

 긴 의자에 앉아 생각 없이 앞만 바라보는 노부부, 젊은이가 지나가면 '좋을 때다. 나도 저런 시절이 있었지'라고 쓸쓸함과 부러움을 동시에 나타낸다. 나 역시 팔팔했을 때는 노년기가 저 하늘의 별처럼 먼 곳에 있을 거로 생각했다. '너희의 젊음이 너희의 노력에 의하여 얻어진 것이 아닌 것처럼, 노인의 주름도 노인의 과오에 의해 얻은 것이 아니다.'*라는 글에 위로받았지만, 유효기간 지

양달막

난 상품권을 보는 것만큼 허무하다.

의자에 앉아서 보는 나무는 키가 더 커 보인다. 100년 넘게 사는 사람을 장수했다고 경이롭게 여기지만, 몇천 년을 사는 나무는 많다. 나무보다 오래 살지 못하면서 아등바등 산 걸 하찮게 여길지도 모른다. 뒹구는 낙엽을 보면서 같은 처지라고 생각할 수 있다. 겨울나무처럼 마르고 얼굴엔 저승꽃이 핀다. 그 모습은 어미 우렁이를 생각나게 한다. 자식에게 살을 다 파 먹히고 빈껍데기만 물 위에 둥둥 떠내려가는 모정의 애틋함이다. 피부과에서 검버섯을 지우는 시술을 하는 노인은 빈껍데기라도 지키고 싶은 것인지 모르겠다.

우리 부모 세대는 아이 때부터 편하게 살지는 못했다. 일제강점기와 전쟁을 겪었다. 결혼해서 힘들게 자녀들 다 키워놓고 한숨 놓을라치면 노인이 되어있다. 앞만 보고 달려온 세월 속에서 배우자에게 살갑게 대해주지 못했다는 걸 뒤에 느낀다. 아내에게 잘해줬다는 한국의 남편을 본 적이 거의 없다. 손잡아주는 걸 채신머리없다고 생각한다. 1950년대, 이십 대였던 시어머니는 시아버지 뒤로 몇 발자국 떨어져 걸었다고 하셨다. 아버지가 손을 잡아줬으면 했지만 뒤도 안 돌아보셨단다. 그런 아버지에 대한 원망이 스치듯 지나가는 걸 나는 읽을 수 있었다. 앞서 걸었던 아버지는 쉰도 안돼서 떠나셨다.

부부는, 예전에는 서로 다른 길을 봤더라도 이제는 같은 곳을 본다고 한다. '당신 고생했어, 먼저 가지 마,' 이런 말을 하지 않아도 나란히 함께 가길 바라는 눈빛을 읽을 수 있다.

 의자에 마냥 앉아 있을 수 없는 부부는 일어나자는 눈빛을 보낸다. 지팡이를 땅에 꾹 누르면서 일어나는 할아버지에게서 '끙' 소리를 내며 할머니에게 손을 내민다. 할아버지 손에 힘이 없다는 걸 느낀 할머니는 측은한 표정으로 할아버지 바지를 터는 시늉을 한다. 두 분은 다시 손을 잡고 뒷모습을 보이며 황혼 속으로 걸음을 뗀다. 산 위에 있는 태양의 움직임과 방향을 보지 않으면 나는 일출과 일몰을 구분하지 못한다. 굳이 구분하고 싶지 않다. 일몰이라고 해도 다음 날이면 해는 다시 뜨게 마련이다. 노인에게 젊음이 다시 찾아올 수는 없지만 황혼처럼 아름답고 잘 살아왔다는 걸 느낀다.

 '나도 저렇게 예쁜 모습으로 늙어가야지'
 노부부의 다정한 모습을 보며 이런 미래를 그려본다.
 노인과 어른의 사전적 의미는 같지만 느낌은 다르다. 노인은 나이를 먹는 것처럼 애쓰지 않아도 저절로 된다. 남에게 우러름을 받는 사람은 어른이다. 늙는 것과 나이 드는 것의 사소한 차이라고나 할까. 나는 생물학적 노화를 묵묵히 받아들이면서 황혼이 아름다운 어른으로 남고 싶다. 황혼 속으로 걷는 노부부의 그림자가 걸어온 세월만큼이나 길다.

*박범신의 〈은교〉에서 인용함.

김밥

산책길에 본 우리 동네 어느 김밥집 앞 차도에는 승용차가 줄을 서 있다. 주로 여행자들의 차다. 나도 그 집 김밥 맛이 궁금해서 '모듬 김밥 세트'를 샀다. 그중에서 매콤한 게 맛있었다. 이 김밥보다 더 맛있게 먹었던 김밥은 완도항에서 청산도로 가는 배 안에서다.

그날은 우리 식구가 청산도 여행을 한 날이었다. 김밥을 싸기 위해 나는 새벽 3시 반에 알람을 맞췄다. 행여나 그 시간에 못 일어날까 봐 세 번을 알람을 맞춰 놓았지만, 첫 번째 울릴 때 바로 일어났다. 늦게 자는 습관이 있는 나는 터져 나오는 하품을 참으며 김밥을 쌌다. 모든 재료를 미리 만들어놔서 김밥 마는 시간이 오래 걸리지는 않았다. 4시에 함께 집을 나서기로 해서 남편과 딸을 깨웠다. 혼자 다니길 좋아하는 아들이라 여행은 항상 셋만 다닌다.

우리 식구는 밥만 한 보약이 없다는 걸 새기고 살아서인지 세끼 밥은 절대로 거르지 않는다. 김밥은 아침으로 먹기 위해서다. 모든 준비를 하고 나선 시간은 4시 반이었다. 우리 집에서 완도까지의 거리를 검색해 보니 7시인 첫 배를 타지는 못할 거 같아 8시 반인 두 번째 배를 타기로 계획을 세웠다. 나보다 더 늦게 잠드는 딸애는 차 안에서 졸기도 하련만 스쳐 가는 차창 밖의 어둑한 풍경을 보며 재잘거렸다. 아침 시간이라 달리는 차들이 거의 없어 우리는 예정보다 빨리 완도항에 도착했다. 6시 50분이었다.

"우리, 저 배를 타자."

첫 배가 떠나기 전이었다. 1박 2일의 빠듯한 일정이라 조금이라도 시간을 아끼고 싶었음이다. 남편은 우리에게 승선권을 끊으라고 하면서 주차하러 갔다. 딸과 나는 서둘러 승선권을 끊었다. 주차한 남편과 우리는 서로 만날 시간이 없어 각자 배에서 만나기로 했다. 빨리 뛰다 보니 허리가 아팠다. 높은 신발에서 낮은 신발로 바꿨을 때처럼 마음과 달리 몸은 빨리 나아가지 않았다. 잠시 후 배에 올랐고 남편도 곧 뒤따랐다.

'퀸 청산호'에 올라서 시간을 보니 6시 57분이었다. 곧 배가 움직이기 시작했다. 아마도 뛰어오는 우리를 선장님이 봤지, 싶었다. 선실에 털썩 주저앉아 가쁜 숨을 내쉬었다. 선실은 군불 때는 아랫목처럼 따뜻했다. 집에서의 아침밥을 먹는 시간이 되자 나는 김밥을 꺼내려 했다. 소풍 때처럼 밖에 나와서 먹는 김밥을 생각하니 군침이 돌았다. 그런데 여행 가방에는 김밥이 안 보였다. 가방에 든 모든 것을 꺼내도 없었다. 첫 배에 타기 위해 서두르다 보니 승용차 트렁크에 넣어둔 김밥과 등산화 챙기는 걸 잊은 것이다. 기운이 쫙 빠지면서 허탈했다. 할 수 없이 매점에서 컵라면 3개를 샀다. 매점 아주머니가 썰어놓은 김치를 주셔서 고맙다는 인사를 했다.

컵라면이 익기를 기다리면서도 승용차의 김밥 생각만 났다.

차라리 다음 배를 탈 걸, 하는 후회가 먼저 왔다. 늦게까지 재료 준비를 했던 시간이 아까웠다. 일찍 일어난 게 억울했고, 완도항에 일찍 도착하게 만든 남편도 원망스러웠다.

"라면 국물에 김밥 담가서 먹으면 맛있는데…."

딸애가 말했다.

딸은 김밥을 좋아하지 않았다. 학교 소풍날에도 항상 밥과 반찬을 가져갔다. 지금은 식성이 바뀌어서 잘 먹는다. 여행 중에는 더 맛있다고 했다. 여행의 즐거움이 보태져서겠지. 어쩔 수 없이 우리는 머리를 맞대고 컵라면을 먹을 수밖에 없었다.

"이거 드실래요? 김밥인데 우리가 먹고도 남아서요."

옆에서 나는 이 소리에 우리는 어미 새의 먹이를 기다리는 둥지의 어린 새처럼 한꺼번에 고개를 들었다. 우리 마음을 빤히 들여다본 것처럼 중년의 아주머니가 내민 건 호일에 쌓인 김밥이다. 우리는 동시에 고맙다며 김밥을 받았다. 넓은 선실에 그 아주머니가 옆에 계신 것부터 행운이었다. 라면과 함께 먹는 아주머니 표 김밥은 아주 맛있었다.

어느 곳을 여행하든지 먹을거리가 없으면 의미가 없다. 여행계획을 세울 때, 숙소와 식당 검색은 필수다. 풍경은 보고 음식은 먹어야 한다. 내 막냇동생은 먹을 것이 우선이라고 했다. 여행지에서의 특산물은 꼭 먹어봐야 한다는 걸 강조했다. 셋째 동생은 여행지가 우선이라고 하면서, 관광 말고 여행하라는 말을 했다. '관광'은 여러 곳의 경치 명소 따위를 구경하는 것, '여행'은 일이나 유람의 목적으로 가는 일이라고 사전에 적혔다. 몇 번을 읽어봐도 두 단어의 뜻을 구분할 수 없었다. 나는 여행지와 먹을거리를 함께 즐겨야 한다는 주의다. 그 고장의 특산물을 안 먹어 보면 다음에 후회할 게 뻔해서다. 해외여행 때는 아무 음식이나 먹지 않았다. 음식을 잘못 먹어 탈이 나면 여행을 망칠까 싶어서다. 예전에는 여행지 맛집 앞에서 줄을 서서 기다렸는데, 요즘은 긴 줄이 서 있는 곳은 피한다. 기다리는 시간이 아까워서일 수도 있다.

김밥을 먹으면서 아주머니 자리를 봤다. 선실 바닥에 앉아 있는 그 아주머니는, 누워 있는 또래의 여자와 이야기를 나누는 중이었다. 청산 항에 배가 도착할 무렵, 나는 음료수 두 개를 사서 아주머니에게 내밀었다.

시티투어 버스에서 내려 여기저기 구경했을 때도 배가 고프지 않았다. 김밥이 아닌 다른 음식으로 배를 채웠다면 허전함에 여행의 즐거움을 느끼지 못했을 것이다. 김밥의 든든한 힘으로 우리는 반나절을 잘 견뎠다. 지정된 곳에서 여행객을 태우려고 기다리는 시티투어 버스를 못 탈 거 같아 아픈 허리를 잡고 뛰면서도 웃음이 나왔다.

다시 청산 항에 도착하니 12시가 넘은 시간이었다. 1시에 출발하는 배의 객실에 앉으니 노곤함이 몰려왔다. 김밥을 주신 아주머니를 찾아봤는데 보이지 않았다. 그 아주머니는 우리에게 김밥을 다 주고 점심을 어떻게 해결했을까 하는 궁금증이 들었다. 배낭을 베개 삼아 누웠더니 눈이 저절로 감겼다. 50분 후에 완도항에 도착했다. 승용차에 올라 김밥을 살펴보니 10월 말이어서인지 맛이 변하지는 않았다. 그걸로 점심을 대신하면서, 김밥을 주신 고마운 아주머니를 다시 생각했다. 7년 전의 일이다.

이희순

작두날 위를 걷는
알면 알수록 자랑스러운 한글
방하착을 책하다
북향사배의 원류를 찾아

〈한국수필〉 신인상(2007년 3월)
한국문인협회, 한국수필가협회, 여수수필, 동부수필 회원
한국수필작가회 이사
여수시 성인문해교육 강사(2019~2020년)
전라남도 생활공감정책참여단(2019~2023)
제559돌 한글날 기념 〈토박이말로 된 글쓰기 대회〉 대학 일반부 최우수상

저서
「방언사전 여수 편」
「수필도 아닌 것이」(수필집)
「귀신은 무얼 먹고 사나」(수필집)

작두날 위를 걷는

　　프로배구 경기를 시청하노라면 양 팀 감독이 인(in), 아웃(out) 에 대한 심판의 판정에 대해 이의를 제기하는 모습을 종종 보게 된다. 카메라를 확인해 보면 주심의 판정 오류가 발견되기도 하지만, 사람의 눈으로는 스파이크 속도가 시속 120km를 넘나드는 공의 낙하지점을 분간키 어려운 경우가 많다.

　　배구 경기장의 모든 라인은 그 폭이 5cm로 정해져 있다. 나는 그 5cm 라인에서 눈을 떼지 못했다. 공이 라인 폭의 안쪽 1cm 지점에 떨어져도, 바깥쪽 1cm 지점에 떨어져도 인(in)이라는 규정 때문이었을 것이다. 배구장의 규격은 길이 18m, 폭 9m인데, 나는 엔드라인과 사이드라인이 경기장의 경계로부터 안쪽으로 표시된다는 걸 몰랐다. 따라서 실제 라인의 폭은 없는 셈이다. 거꾸로 말하면, 경기장 전체가 엔드라인이고 사이드라인이기 때문이다.

그래도 나는 '중용(中庸)'에 집착한다. 바로 배구장의 센터라인이다. 5cm의 센터라인 만큼은 양쪽 코트의 면적을 정확히 절반씩 점하여 표시한다. 경계의 정의를 중용의 입장에서 따지면 센터라인은 점점 좁혀져 0에 수렴할 지경에 이르러야 한다. 그러므로 중용은 작두날의 퍼런 서슬이라는 말이 맞는 것 같다. 아무튼 경계선은 사람의 눈에 잘 띄어야 할 의무가 있으므로 나노미터를 들이댈 수는 없지만 가급적 가늘어야 중용에 가깝다고 하겠다.

집을 짓고 담을 쌓을 땐, 이웃과의 대지 경계선을 절반씩 물려 벽돌을 올리거나 콘크리트를 친다. 그렇다면 경계를 가르는 벽체의 두께는 얼마까지 허용되는 걸까? 이웃과의 경계에 쌓는 벽돌 담의 두께는 담장 높이가 2미터 이하이면 9cm 폭도 괜찮다고 한다. 통상, 높이 2미터가 넘는 담장의 두께는 15cm 이상이어야 한다. 그런데 튼튼한 담장을 쌓기 위해 담장 폭을 30cm로 해도 되는 걸까? 물론 내 땅 안에 쌓는다면 시빗거리가 안 될 테지만, 15cm가 넘는 두꺼운 담장을 이웃과의 경계를 센터라인으로 삼아 서로 절반씩 점하여 쌓는다면 어떨까? 이웃이 동의한다면 괜찮겠다. 결국, 중용이란 작두날이 아니라 용인의 문제라고 생각해 본다. 그러나 위정자나 법관에게 중용은 여전히 작두날 위를 걷는 '공평무사'일 수밖에 없다.

알면 알수록 자랑스러운 한글

한글은 대표적인 표음문자이다.

최근엔 '자질문자(資質文字)'라는 새로운 개념이 생겨났는데, 한글은 지구상에서 유일한 자질문자이다. 자질문자란 조음위치와 같은 음운의 자질이 반영된 문자 체계이다. 한글 자음은 음양오행의 원리에 맞춰 발음기관을 본떠 창제했기 때문이다.

어금닛소리 아음(牙音) ㄱ ㅋ ㄲ은 오행상 목(木)에 속하여 곡직(曲直)이니 굽거나 똑바른 형상이다.

혓소리 설음(舌音) ㄴ ㄷ ㄸ ㅌ ㄹ은 화(火)에 속하여 염상(炎上)이니 불이 타오르는 모습이다.

입술소리 순음(脣音) ㅁ ㅂ ㅃ ㅍ은 수(水)에 속하여 윤하(尹河)이니 물 흐르듯 사물을 윤택하게 한다,

잇소리 치음(齒音) ㅅ ㅆ ㅈ ㅉ ㅊ은 금(金)에 속하여 종혁(從革)이니 자유로운 변화를 뜻한다.

목구멍소리 후음(喉音) ㅇ ㅎ은 토(土)에 속하여 가색(稼穡)이니 파종과 수확을 의미한다.

내가 굳이 5음을 열거한 이유가 있다. 5음의 분류에 따라 발음하는 위치가 정해져 있다는 이야기를 하고 싶은 것이다. 세상 어떤 문자도 한글처럼 5음으로 분류하여 발음하는 위치를 정한 문자는 없다. 왜 자음이라 하는가? 어머니(모음)가 돌보지 않으면 혼자서 아무 일도 할 수 없는 까닭이다. 한글 음절에서 첫소리(자음)는 하늘이요, 종성(받침)은 땅인데 하늘과 땅은 사람(모음)으로 말미암아 비로소 잠에서 깨어난다.

한글이 대표적인 표음문자라는 데 딴소리를 할 사람은 없을 터이다. 그렇다면 우리 한글은 그저 표음문자에 그치는 언어일까? 최근에 제기되고 있는 주장을 보면, 한글은 표의문자(表意文字)이기도 하다. 나는 다른 의미에서도 그런 주장에 공감한다. 앞에서 언급했듯, 한글 자음은 오행의 원리에 따라 창제되었기에 오행의 깊은 의미가 담겨 있어야 마땅하기 때문이다. 과연 그러한지 실제 언어를 대상으로 접근해 본다.

ㄱ ㅋ ㄲ은 곡직(曲直)이다. 마치 사람이 허리를 굽혀 깍듯이 인사를 하는 것 같다. 또 곡척(曲尺)과 일반이다. 곡척을 본 사람은 바로 ㄱ을 연상할 것이다. '굽다, 꺾다, 깎다, 쿡, 꾹, 컥, 각, 칼, 곽, 관, 굳건하다, 꿋꿋하다, 곳곳, 곡선, 커브, 골목, 굴뚝, 굴, 기둥,

칸, 코' 따위의 낱말을 보면 굽거나 똑바르다는 공통점을 발견할 것이다.

ㄴ ㄷ ㄸ ㅌ ㄹ은 염상(炎上)이다. 모닥불이 타오르는 형상이요, 아궁이에 불이 들어가며 사람이 의자에 앉아 행세하는 모양새이다. '둥둥, 날다, 날쌔다, 놀다, 랄랄랄, 놀라다, 노래, 따르릉, 뜨겁다, 타다, 탕탕, 투레질, 타령, 날, 달리다, 뛰다, 높다랗다, 라디오, 라면' 따위의 낱말에서는 타오르는 불길을 느끼게 된다. '담다, 덜다, 때다, 대다. 돋우다, 넣다'에서는 땔감을 모아 불을 피우거나 아궁이에 불을 때는 모양이 그려진다.

ㅁ ㅂ ㅃ ㅍ은 윤하(尹河)이다. 대지에 물이 저장되어 윤택하게 하며 자연스럽게 흘러가는 형상이다. '밥, 법, 보람, 배, 배다, 베다, 붓다, 붇다, 마음, 몸, 미음, 멈추다, 마을, 말, 물, 말다, 말리다, 바치다, 뻗다, 뿌리다, 뿌리, 편하다, 품, 푸지다, 푸르다, 퍼지다, 파다, 펴다, 피' 따위의 단어에서 보듯, 무언가 담아 저장하고, 신고 채우며, 머물기도 하고 멈추기도 하며, 가두고 저장하기 위해 구덩이를 파는가 하면 앞으로 나아가는 등 물의 움직임을 감지하게 된다. 서양의 어떤 언어학자는 '밥'이라는 글자를 분석하여 ㅂ은 그릇에 음식이 담긴 모양이며 ㅏ는 입을 벌리고 그릇에 담긴 밥을 먹는 모양이고 받침 ㅂ은 먹은 밥이 뱃속에 저장된 모양이라고 했다. 재미있고 일리 있는 해석이라 생각한다.

ㅅ ㅆ ㅈ ㅊ은 종혁(從革)이니 자유로운 변혁이다. 특히 ㅈ은 저장의 의미가 뚜렷하다. '저장, 젖, 젓갈, 정, 장마당, 저자, 잠, 죽, 죽다, 적다, 젖다, 장(간장, 된장, 고추장 등), 짐 등', 쉬다, 숨, 섭섭하다, 속사정, 숙이다, 쓸쓸하다, 쓰다. 쓱싹, 슬다, 쏠다, 썰다, 사랑, 착실하다, 척척, 첩첩산중, 춥다, 추스르다, 추수' 따위의 낱말을 살펴보면 거두고 저장하고 들고 남에 스스럼이 없다.

ㅇ ㅎ은 가색(稼穡)으로 농사인즉 파종과 추수이다. ㅇ은 생긴 그대로 열매이고 ㅎ은 수확이다. '알, 얼, 올, 울, 안, 위, 혼, 확, 흔하다, 종 징, 쟁, 아이, 익다, 웃어른, 옷, 엿, 열매, 열다, 웃다, 이웃'에서 보듯, 씨를 뿌리고 가꾸어 익은 곡식을 거두어들이는 모양을 체감할 수 있다. 특히 초성의 ㅇ은 모음의 공백을 채우는 기능에 만족해야 한다. 그러나 나는 그렇게 여기지 않는다. 모음은 글자 그대로 '어머니 소리'인즉 어미는 언제나 알을 품어 잉태할 준비가 되어있는 존재이다. 그 준비된 알(난자)이 바로 초성으로 쓰이는 ㅇ이라고 생각하는 것이다. 이것이 받침으로 쓰이면 어머니가 어느 오행을 출산하든 "으앙" 하며 고고의 함성을 내지르는 것이다. 출산이 아니라, 슬픔을 안고 울 적엔 '엉엉'으로 변화하니 탄성이 절로 난다. '으으'하는 신음은 아픔이 수평선처럼 잠잠해지기를 바라는 잠재의식의 발로가 아닐까.

이처럼 한글은 단순한 소리글자가 아니라, 글자의 형태에서 깊은 철학과 의미를 담고 있는 표의문자이기도 하다. 특히, 비슷한 형태끼리 같은 부위에서 발음되도록 분류한 건 획기적이다. 곧 세상에 하나뿐인 자질문자이다. 영어도 음소문자이긴 하나 자질문자 근처에는 얼씬거릴 수 없다.

여담으로 모음을 말해야겠다.
모음은 천지인 삼재 사상을 담고 있다. 하늘과 땅은 사람으로 더불어 온전히 그 역할을 할 수 있다. 하늘에 해당하는 '아래아'가 사라져 유감스럽다.
'아'는 내지르는 소리이니 얼굴을 내밀고 입도 내밀어 발음하기 마련이다.
'어'는 삼키는 소리이니 얼굴을 거두고 입을 안으로 들이며 발음하기 마련이다.
'오'는 감탄하는 소리이니 얼굴을 쳐들고 입을 벌려 내는 소리이다.
'우'는 비난하거나 탄식하는 소리이니 얼굴을 아래로 향하고 입을 뾰족이 하여 내는 소리이다.
'이'는 서 있는 존재이며 상하의 균형을 나타낸다.
'으'는 누워있는 형체이니 무(無)의 상태이며 좌우의 균형을 나타낸다.

방하착을 책하다

무아(無我)의 끝엔 무엇이 있을까?

두 번 생각할 것도 없이 내가 없는 세상은 아무런 의미가 없다. 하늘과 땅은 모름지기 나를 위해 존재하기에 나 자신이 없으면 하늘도 땅도 없으니 천상천하 유아독존(唯我獨尊)이다.

나 자신을 뜻하는 '아(我)'라는 글자는 '손에 창을 든 자'이다. 항상 창을 지니고 있어야 할 상황을 그려보면 '생존 본능'이 떠오른다. 그는 왜 창을 들어야 했을까? 살기 위한 길은 오직 두 가지, 정복과 복종이다. 그러나 자신이 강자건 약자이건 무조건 복종해야 할 대상은 그를 창조한 신이다. 복종의 표시는 신에게 올리는 제사였다. 그는 양을 잡아 신에게 제사를 지냈고 신은 이를 의롭다 했다. 바로 '옳을 의(義)'이다. 양만 잡아 제사를 지내는 데 그치지 않고 소도 희생제물로 삼았다. '희생 희(犧)'를 파자하면 소(牛)나 양(羊) 가운데 빼어난(秀) 것을 잡아 희생제물로 삼았다는 걸 알 수 있다. 그렇게 희생제물을 드리면 죄 사함을 받는다. 그렇게 제물을 바치면 죄도 없어지는데 다 놓아버리면 무얼 바쳐야 할까? 놓기는 쉬울까?

 지척을 분간할 수 없는 안갯속을 헤매던 젊은이가 발을 헛디뎌 온몸이 허공에 뜬 순간, 엉겁결에 휘저은 손아귀에 덩굴이 잡혔다. 젊은이는 악착같이 매달려 용을 썼으나 더는 버틸 수 없는 지경에 이르렀다. 덩굴을 놓치면 그는 절벽 아래로 추락하여 부서지고 말 것이었다. 하늘은 그의 마지막 애원을 외면했다. 덩굴이 그의 손아귀를 빠져나갔으나 아무 일도 일어나지 않았다. 젊은이는 가볍게 엉덩방아를 찧었을 뿐이었다. 안개가 걷혔다. 허공을 버둥거리던 젊은이의 발과 지면과의 높이는 고작 한 뼘에 지나지 않았다.

 방하착(放下着).
 놓아버리면 될 텐데 사람들은 손에 쥔 것을 놓지 못한다. 마음을 비우지 못하니 손이 말을 듣지 않는다. 마음은 손에 쥔 조약돌처럼 쉽게 내려놓을 수 있을까?

 나는 죽어도 못 놓겠다.
 손을 놓는 날엔 천 길 낭떠러지 밑으로 떨어져 비명의 메아리가 멈추기도 전에 죽을 게 뻔한데, 너는 감연히 손을 놓을 수 있어? 아, 캄캄한 눈앞의 일을 알 수 없다는 것, 그것이 바로 두려움의 까닭이었다. 내 발아래 집채 만 한 악어가 눈을 번뜩이고 있을 거야. 아니지, 칠점사가 우글거리고 있을지 몰라. 내가 떨어지는 순간 심장을 꿰뚫어버릴 도산지옥이 시퍼런 살기를 내뿜고 있겠다. 끝없는 흑암의 나락으로 떨어진다면 천년만년 햇빛 한 점 볼 수 없어. 그런데도 나더러 손을 놓으라고? 아마 넌 악귀일 거야. 하기야, 남의 살은 송곳으로 찔러도 안 아픈 법이지.

나는 당뇨나 고혈압조차 떨쳐내지 못해. 나도 내 안의 오물이 무엇인지 알고는 있지.
시기, 질투, 비방, 도벽, 태만, 타성, 미움, 온갖 탐욕, 신장 결석, 비염, 소화불량, 만성염증 따위지.
찰거머리가 따로 없더라. 그것들은 내 몸에서 좀처럼 떨어지지 않아. 십 년을 묵혀 둔 가마솥에 슬어있는 녹을 떨어내는 게 더 쉬울 거야. 아니면 시커먼 원유를 뒤집어쓴 해변의 모래알을 하나하나 닦아내는 게 더 나을지 몰라.

방하착?
작작 하라니까. 착득거(着得去)라면 모를까.

북향사배의 원류를 찾아

유배지에서 사약을 받은 신하가 약사발을 앞에 두고 비장한 얼굴로 북향사배(北向四拜)를 올린다.

동래성에서 관민 4천으로 왜적 3만 대군을 맞아 고군분투하던 부사 송상현은 패전으로 죽음이 임박하자 북향사배하고 장렬히 전사한다. 우리 역사에는 북향사배가 자주 등장한다.

북향사배의 유래를 찾아 인터넷 세상을 백방으로 헤맸으나 이렇다 할 답을 얻지 못했다. 양(陽)은 기수(奇數)이고 음은 우수(偶數)인데 임금의 자리인 북극성은 극음이라서 음의 2배에 해당하는 4배를 올린다는 설명을 만나가는 했는데, 아무래도 견강부회(牽强附會)한 느낌이 들어 받아들이기가 어려웠다.

산 사람한테는 한번 절하고 제사 때는 두 번 절한다는 건 누구나 아는 상식이다. 부처님께는 세 번 절을 올리는데 이는 불교의 불법승 3보에 귀의하는 의미라고도 하고 우리 전통의 삼신 사상에서 비롯된 의식이라고도 한다. 앞에서도 언급했지만, 임금께는 네 번 절을 올린다. 사실 절에 대한 우리 고유의 예법은 '삼육대례'라고 한다. 한 번 엎드려 머리를 세 번 숙여 절하고 나서 한 발 앞으로 나아가 다시 엎드려 머리만 여섯 번 숙여 절을 올리는 예법이다. 세배는 하늘에 무사고를 기원하며 절을 올린 데서 비롯되었다고 한다.

다시 오리무중의 북향사배를 생각한다. 임금은 북좌남면하므로 신료와 백성이 북쪽을 향하여 절을 올리는 까닭을 이해하게 된다. 그런데 대체 임금의 보좌는 왜 북좌남면일까? 고대 중국의 천문학에 삼원(三垣) 28수가 있었으니 삼원은 자미원(紫微垣), 태미원(太微垣), 천시원(天市垣)이다. 자미원은 천제(하느님)가 거처하는 구역으로 궁성에 해당하며 보좌는 북극성(자미성)이다. 동양 천문학에서는 이 자미성을 하늘의 중심으로 여겼다. 태미원은 조정이며 천시원은 백성의 거처이다. 그런데 삼원을 호위하는 28수의 별은 각각 동서남북을 관장하는 사신의 지휘를 받는다. 사신 곧 청룡, 백호, 주작, 현무는 자미성(보좌)의 명을 집행한다. 성경의 구약과 신약에는 하늘 보좌를 호위하며 하나님의 명을 집행하는 사자, 독수리, 사람, 송아지 형상의 네 생물이 기록되어 있는데, 이 네 생물은 24장로를 여섯씩 관장한다. 성경과 동양 전통 천문학의 유사성이 놀랍기만 하다. 참고로, 서양의 점성술에서는 물병자리, 처녀자리, 전갈자리, 물고기자리 등 12궁의 별자리를 활용한다.

이제 나는 임금이 거처하는 북향이 평면적(平面的) 의미의 북쪽이 아니라, 우주의 중심인 북쪽 하늘의 자미성(북극성)이라는 걸 확연히 깨달았다. 그러므로 함경도에서도 임금이 계신 북쪽 하늘을 향해 절을 올려야 마땅하다. 임금은 자미성(북극성)에 비유되기에 실제 임금이 어디에 거처하건 북향하여 절을 올려야 하는 이치이다.

그렇다면 왜 임금에게는 4배를 했을까?
나는 끝내 속 시원한 답을 알아내지 못했으나 포기해서 될 일이 아니었다. 요즘 사람들은 옛 왕의 무덤이나 벽화에 등장하는 청룡, 백호, 주작, 현무의 사신도를 통해, 사신(사수)을 무덤에 든 임금의 영혼을 지키는 영물쯤으로 치부해 버린다. 그러나 사신은 본시 하늘의 영물이다. 조선시대 임금의 거처인 경복궁의 사대문에서 사신이 궁성을 호위하고 있듯, 사신은 무덤에서도 임금의 영혼을 지키는 것이다. 고구려 평원왕 혹은 영양왕의 무덤으로 추정되는 강서대묘의 사신도가 이를 잘 증명하고 있다.

천제 자미성(북극성)은 자미원의 중앙에서 하늘을 통치하고 있는데, 28수의 별을 거느린 사신(청룡, 백호, 주작, 현무)이 천제의 명을 출납한다. 그러므로 사신은 각각 천제의 입이며 천제의 마음이다. 천제의 뜻에 따라 천제와 한 몸처럼 운행하니 사신의 말과 행동이 곧 천제의 말이며 천제의 행동이다. 그렇게 천제의 권력은 동서남북 사방에 두루 행사되는 것이다. 그런즉 신료와 백성은 자미성의 명이 발하는 동서남북을 향하여 절을 올려야 한다. 이처럼 이치가 자명한데, 왜 북향으로만 네 번 절을 해야 하는가? 사신은 어디까지나 저 높은 북방 하늘에 있기 때문이며 끊임없이 운행하는 연고이다. 이를 두고, 구약성경은 네 생물이 각각 네 가지 형상을 갖추고 영의 뜻에 따라 움직인다고 표현하고 있다.

북향사배의 묘리를 내 나름으로 추론해 보았다. 의심과 비판의 시선을 거두지 못하는 사람도 있을 테지만 나의 주장이 틀렸다는 걸 증명하는 이가 나타나기 전까지는 나는 그들의 시선을 마음에 두지 않을 것이다.

(2024. 10. 1.)

이선덕

장날
해맑은 웃음
바람의 얼굴
삶의 모퉁이에서

한려대학교 산업디자인학과 졸업

전남대학교 대학원 수료(조형미술과)

〈꽃과 여인〉 외 개인전 및 초대작가전 다수

〈순천미술대전〉 공예부문 특선

〈대한민국서예대전〉〈남농미술대전〉 등 서양화 특선 다수

〈한국문인협회〉 주최 백일장 입상 등 수상 다수

《스토리 문학》으로 등단(시 부문)

저서

「꿈을 찢는 소녀」(시집)

장날

여수의 오일장은 4일과 9일이다.

우리 집은 서교동이었는데 장날이면 대문 밖이 시끌벅적했다. 시골에서 할머니들이 산나물이나 달걀 꾸러미, 쌀과 잡곡 등 돈이 될 만한 물건을 바구니에 펴놓고 손님의 시선을 기다린다.

어릴 적 내가 좋아하는 일은 장 구경이었다. 장날만 되면 마음이 들떠 달구지로 물건을 싣고 장으로 들어오는 아저씨들을 따라가 구경하기를 게을리하지 않았다. 시골 할아버지가 싣고 온 예쁜 병아리와 토끼를 구경하는 것이 좋아 닭 전 앞에서 발을 멈춰 시간을 보낸 적이 많았다.

장날 아침에는 지름길을 마다하고 일부러 장터로 돌아 학교에 갔다. 교문으로 들어가는 길가에는 책전이 벌어졌다. 이야기책이나 만화책, 유행가집들이 알록달록한 색으로 놓여있다. 나는 교문으로 들어가는 대신 볼일이 있는 것처럼 책전 앞을 서성거렸다. 그러다 종소리에 헐레벌떡 교실로 뛰어 들어가 책가방을 풀면 곧

이선덕

선생님이 뒤따라 들어서기도 했다. 점심시간이 되면 교문 앞에서 보았던 만화책이 궁금해 교문 밖으로 빠져나오기도 했다.

시장 안 포목전과 잡화점 사이의 공터에는 약장수가 북을 치면서 사람을 모았다. 열일곱 살쯤 되어 보이는 처녀는 서투른 유행가로 약장수의 흥을 돋우고, 더 어려 보이는 여자아이는 약병을 들고 사람들 틈을 돌면서 약을 팔았다. 그 모습이 슬퍼 보여 가슴이 아팠다.

시장의 파장은 너무 빨랐다. 술에 취해 비틀거리다가 좌판을 걷어차기도 하는 사람들로 장바닥은 어수선하고 썰렁했다. 책전도 치운 후였고, 약장수도 어느새 자리를 뜬 후였다. 그 자리에는 엉뚱하게도 매일 거리를 떠돌던 거지가 곯아떨어진 채 코를 골고 있었다.

내 친구 중에는 술집을 겸한 여인숙집 아이가 있었다. 그 집은 장날이면 장꾼들로 들끓었고 커다란 가마솥에는 뿌연 김을 올리는 술국이 끓고 있었다. 그녀는 작은 키에 예쁘장한 얼굴을 하고 있었다. 공부는 보통 정도에 머물렀지만 세상 돌아가는 이야기는 많이 알고 있었다. 요즈음 무슨 노래가 유행한다거나 누구 집 아들이 사고 쳐서 감옥에 들어갔다거나, 누가 빚을 지고 야반도주를 했다느니 하는 우리가 모르고 지나친 소식을 알고 있었다. 그것은 모두 그녀의 집에 찾아오는 장꾼들로부터 얻어지는 지식임은 물론이었다. 우리는 더 재미있는 소식이 궁금해 그녀의 비위를 맞추려고 애썼다.

나의 장 구경 취미는 그녀에게도 전염되었고 그 밖의 몇 아이에게까지도 옮아갔다. 우리는 상급생이 되면서 연등천변에 생기는 꽃시장을 자주 갔지만, 중학생이 되면서 그 취미도 없어졌다. 그러다가 몇 해 전부터 이 취미가 되살아났다.

시간이 나면 나는 연등천변에 생긴 꽃시장을 찾았다. 시골집에 꽃나무를 심기 위해 장날마다 찾게 되었고 묘목 시장도 돌았다. 나무를 심은 후로 순천 아래 시장도 찾았다. 목수국, 삼색 버드나무, 감나무 복숭, 앵두나무 살구나무도 샀다. 이제는 단순한 시장 구경이 아니다. 묘목 공부를 하다 보니 작은 지식을 얻는 기쁨이 쏠쏠하다. 이렇게 다른 지역으로 장 구경을 하면서 나는 여행의 즐거움도 알았다.

그런데 이런 장이 없어질 것이라는 소문이 심심치 않게 나돈다. 농민 경제가 공동판매, 공동구입의 단계에 이르러서 장날의 물물교환적 방법은 비경제적이라는 논의가 대부분이어서란다.

닷새에 한 번씩 농민들에게 마음이 들뜨게 하는 장날은 농민들의 합리적인 생활을 위해서도 마땅히 없어져야 한다는 말도 한다. 장날을 없애야겠다는 그 바탕에는 장날을 통하여 형성되는 농촌 마을의 여론을 없애야겠다는 생각이 깔려있다. 이런 사실은 누구나 아는 일이다.

서로의 고달픔을 이야기하고 서로 위안을 받기도 하는 장날, 나는 시간이 허락할 때마다 오일장을 찾아갈 것이다. 다음 달에는 구례 장을 찾아가 산나물도 사고 전통시장에 가서 점심으로 소머리 국밥을 먹어 보고 싶다.

해맑은 웃음

봄볕이 따스한 아침, 어깨가 들썩거릴 정도로 기분 좋은 시간이다. 마음도 건강도 철 지난 들풀처럼 웅크리고 사는 우리의 이웃을 찾아서 작은 희망과 위안이 되고자 봉사활동을 가는 날이다.

우리 봉사 요원들은 특별히 잘하는 것은 없지만 뜻있는 사람들이 모였다. 미장원 원장님, 언제나 궂은일을 마다하지 않고 이행하는 한국 무용을 하는 동생, 올해 정년퇴직을 한 무용 선생님, 잘하는 것 하나도 없으면서 매일 바쁘게 사는 나, 그리고 우리 곁에서 물심양면으로 도와주는 내 친구가 있다. 우리 봉사단은 어떤 이익을 바라지 않는, 말 그대로 순수한 봉사단이다.

우리의 가위질, 춤과 북으로 외롭고 현실에서 소외당한 분들에게 조금이나마 위안을 주고자 하는 마음이다. 첫 번째 시작하는 오늘의 봉사지는 화양면에 있는 금강원이다. 우리는 이·미용기구와 타악기, 한복을 준비했다.

금강원 가는 길은 지금 여수에서 고흥 간 연륙교 연결 도로공사로 어수선하고 위험하다. 하지만 일행은 봉사한다는 기쁨과 작은 도움을 줄 수 있다는 행복감에 그런 것은 걸림돌이 되지 못했다. 작은 것이지만 소외된 이웃과 정을 나누고자 하는 그 행동이 우리의 마음마저 젊게 만든다.

다들 들뜬 기분에 일찍 출발하여 금강원에 가기로 한 시간이 많이 남았다. 우리는 약속 시간을 맞추기 위해 화양면 오천리 펜션 단지를 돌아 감도에 사는 친구 집에 들러 커피를 한잔하기로 했다. 친구 집은 아주 예쁘게 지은 주홍색이 감도는 세련된 현대식 이층집이었다. 향긋한 커피 향과 바다가 보여주는 풍경에 매료되어 한참을 감탄하며 봤다. 지중해 연안을 연상시키는 아름다움에 시간 가는 줄 몰랐다. 우리 중에는 화양면 감도를 처음 와 본 사람도 있었다. 감도가 이렇게 예쁜 줄 몰랐단다. 말로만 듣던 포구의 곡선은 한 폭의 그림 같았고, 바닷물 빛은 내 마음을 빼앗아 버렸다. 포구와 빛 고운 물빛, 멀리 보이는 빨간 지붕이 보이는 섬 대운도, 무인도로 남아 있는 소운도, 두 섬이 보이는 풍경은 보기 좋았다. 한 친구는 감도의 저녁노을이 일품이라고 말했다. 기회가 되면 그 섬에 꼭 한 번 가보겠다는 생각이 들었다.

섬을 구경하느라 시간 가는 줄 몰랐던 우리는 급히 자리를 털고 일어나 금강원으로 갔다. 금강원에 도착하여 원장님을 뵙고 직원들의 안내를 받아 강당에 들어갔다. 강당에는 많은 분이 앉아 있었다. 순번을 정한 후 앉아서 차례를 기다리는 것으로 보였다. 우리는 내 부모와 형제처럼 생각하고 정성을 다하여 할머니 할아버지들의 머리를 예쁘고 정갈하게 잘라드리고, 하얀 머리는 염색도 해드렸다.

그분들은 착하고 순수해 보였다. 어떤 분은 고맙다며 예쁘게 접은 학을 우리 봉사단 한 분 한 분에게 선물로 주셨다. 이발해드리는 동안, 어떤 분은 눈썹도 잘라주라며 해맑게 웃으셨다. 이발하는 동안 지루하지 않게 우리는 장구치고 춤을 추며 무료함과 소외감을 느끼지 않도록 최선을 다했다. 어르신들의 어느 분도 불평불만을 하지 않았다.

무사히 봉사활동을 마치고 서명을 하는데 어르신들이 우리를 보기 위해 창문 너머로 손을 흔들며 웃으신다. 해맑고 착해 보여 코끝이 찡하고 가슴이 아렸다. 우리의 이런 사소한 행동이 진정한 선물이라는 생각이 들었다.

한 달 후에 다시 오기로 약속하고 돌아서는데 어르신들은 그때까지 우리에게 손을 흔들어 주셨다. 이것이 진정 소중한 인연이고 이웃사랑이었다. 오히려 우리가 도움을 받은 거 같았다. 돌아오는 길에 보이는 가로수도 더 푸르게 빛났다.

서로 고생했다고 행복한 미소를 나누며 돌아오는 길, 신 선생님이 오늘 수고 많았다며 곤드레밥을 산다고 했다. 우리는 소호동에 있는 식당에 들어갔다. 처음으로 먹어 본 곤드레밥은 정말 맛있었다. 사소한 봉사를 끝까지 잘 치른 후의 만족감이 더해서였을 것이다. 맛있게 먹고 차도 한잔하면서 많은 대화를 주고받았다. 많은 사람을 빠른 손놀림으로 일을 끝낸 미용실 원장은 어깨를 몹시 아파했다. 처음 남의 머리를 손질해본 나는 내가 그렇게 머리를 잘 자르게 된 것에 들떠 있었다. 춤을 추어서 분위기를 부드럽게 하고 뒤처리까지 잘한 동생은 보람 있는 일을 했다며 활짝 웃었다.

  나보다 어렵고 힘든 이웃에게 작은 힘이나마 내가 필요한 곳이 있다면 사회의 일원으로서 보탬이 되어야겠다고 다짐해본다.

바람의 얼굴

창을 두드리는 바람 소리에 붓을 내리고 생각에 잠긴다.
바람은 무슨 색일까.
바람의 빛깔을 보려면 마음의 문을 열어야 한다는데, 아이의 눈이라면 가능할까. 나는 새삼 바람의 얼굴을 생각해 본다.

어느 화가는 회오리바람을 화폭에 그려 넣기도 했다. 화가의 마음은 빈 캔버스에 그려놓은 수채화 같은 마음 때문 아닐까? 회오리바람이 땅속에서 태어난다고 말하고 꿈을 꾸는 애들이 있다. 상상력이 풍부한 아이들 눈에 바람이 꼿꼿하게 서서 움직인다고 생각했나 보다.

보리가 눕는다. 아니 바람이 눕는다. 누렇게 익어가던 보리밭을 가로질러 달아나던 바람이 바보처럼 까칠한 보리껍질에 걸려 넘어져 잠이 든다. 바람이 시간을 넘기고 가는 동안 알갱이는 더욱 더 여물어간다.

바람은 좁은 틈 사이로도 잘 빠져나간다. 들녘을 넘나들며 꿈틀거리는 옥수수 잎을 슬쩍 건드려 너울너울 춤추게 하고 아직 여물지 않은 알맹이를 간지럼 시켜 눈뜨게도 한다.

바람은 시시때때로 얼굴을 바꾼다. 나뭇가지에 앉아 감미로운 음을 연주하고 진한 흙냄새를 슬며시 가져다 고향의 아련함에 젖게 한다. 때로는 달콤한 꽃향기를 가져다 옛 추억에 잠시 멈춰 서게 하고, 가을날 흔들어 주는 바람에 나뭇잎 떨어지는 소리를 듣게 한다. 함박눈이 내리는 겨울밤에는 골목을 휩쓸고 지나가는 슬픈 사연을 가진 목소리가 된다.

바람은 변덕쟁이다. 여름날 태풍이란 이름으로 야수로 돌변할 때가 있다. 먼 바닷길을 달려와 거대한 태풍이 되어 파도와 뒤엉켜 싸우다 잔인한 뒷모습만 남기고 아무런 일 없었던 얼굴로 속내를 감추고 떠나기도 한다.

겨울날 바람이 뼛속까지 스며들어 이불을 목까지 끌어당겨 덮고 온종일 아팠던 적이 있다. 바람은 순간 방심하면 뼛속까지 자리를 잡고 변덕을 부리기도 한다. 바람만큼 많은 이름을 가진 변덕쟁이는 없을 것이다.

이른 봄 가늘게 솔솔 불어오는 실바람, 제법 차갑게 살 속으로 기어드는 음산하고 매운바람, 소소리바람, 모내기 철 지속해서 부는 피죽바람이 있다. 초가을에는 잔잔하고 선선하게 부는 색바람, 동쪽에서 세게 불어오는 강쇠바람이 있다. 뱃사람들이 일컫는 으

스스하고 쓸쓸하게 부는 소슬바람과 동남풍인 된바람이 있다. 북쪽에서 불어오는 큰바람 댑바람이 있고, 가볍고 시원하게 부는 산들바람, 새바람, 하늬바람, 높바람, 높새바람도 있다. 내가 좋아하는 바람의 이름은 꽃바람이다.

어느 날 언덕에서 키 낮은 풀잎에 가늘게 떨고 있는 바람이 작게 생겨나는 것을 본 적 있다. 바람을 키우는 힘은 어디에서 올까. 꽃잎을 흔드는 바람을 보면 내 마음도 가늘게 흔들린다.

비 오는 여름날, 가로수가 뽑힐 만큼 매섭게 몰아칠 때 부는 바람은 온몸에 소름이 돋을 만큼 무섭다. 봄날 살랑살랑 불어오는 봄바람을 피부로 느낄 때면 어릴 적 고향 집 장독대 뒤에 피어 있던 나팔꽃 생각에 잠기기도 한다. 가을날 나뭇잎 떨어지는 소리를 들으면 잊을 수 없는 날들이 생각나 가슴 아파한 적도 있다.

바람이 서슬 푸른 얼굴을 할 때는 피하는 것이 상책이다. 겨울날 매서운 눈바람이 그렇다. 어느 늦은 저녁 바닷가에서 밀려오는 파도를 보면서 바람이 나에게 보여주는 여러 가지 색을 상상해 본다.

나는 색이 고운 바람, 영혼이 아름다운 봄바람으로 살아가고 싶다.

삶의 모퉁이에서

햇살이 아름다운 봄날 아침이다.

그해 봄은 나에게 괴로운 날이 많았다. 자동차 사고로 갈비뼈가 골절되어 한참을 병원에서 생활해야만 했다. 움직이기가 쉽지 않으니 혼자 짜증 내는 날이 많았다. 몸도 마음도 거칠어져 외출을 삼갔다.

오늘은 오랜만에 날씨가 화창해서 어디론가 나서고 싶어 여유롭게 옷을 입고 밖으로 나섰다. 여유롭다는 단어로 규정짓기에는 처연한 구석이 없지 않은 한가함이다. 나는 언제나 바쁘게 살다 보니 집안일을 뒤로 미뤘다. 무작정 걷기보다는 항상 시간에 쫓기는 사람처럼 뛰는 것이 습관 되어버렸다. 종일 어슬렁거리고 싶을 때가 있다. 시간에 구애받지 않고 그저 발길이 흘러가는 쪽으로 가보는 것이다. 나는 기꺼이 인파 속에 휩쓸려 걷기를 결정했다. 이런 식의 어슬렁거림이 때때로 삶에 강한 활기를 부여해 주기도 한다.

축제가 한창인 종화동 거리는 그야말로 인산인해를 이루고 있었다. '여수진남제'로 시작한 축제가 2005년부터 〈여수거북선축제〉로 이름을 바꿨다. 여수 시민 외에 외지인도 많이 보러 왔을 것이다.

사람과 사람 사이를 걷는다. 사람들로 빽빽한 휴일의 거리는 재바르지 못했다. 제 나름의 이유를 가진 존재들이 서로 엉키어 한 덩어리가 되어 흘러간다. 걷고 있으니 분명 공간이동을 하는 것이 분명했다. 앞뒤 좌우로 엉킨 사람들은 시간이 한참 지나도 움직임이 없다. 흘러가는 물길에 섞여버린 다른 물질처럼 무리에 갇혀 다른 이보다 빨리 나아가지도 뒤처져 걷기도 힘든 상황이다.

나 역시 그들과 같은 속도로 걸을 수밖에 없었다. 나라는 존재 역시 인파 속의 작은 미물이 되어 흔적조차 느끼기 어려웠다. 작은 개체들이 인파라고 규정되는 하나의 거대한 소유주 속에 구속된 형상이다. 그 안에서 나는 '정체성의 위기'를 경험한다. 걷고 있으나 멈춰 있는 것과 같다. 내 움직임은 변화와는 무관하게 떠밀리듯 조금씩 흘러가기 때문이다. 내재한 내 의지는 순식간에 말살되고 속도와 방향은 내가 선택할 수 있는 성질의 것을 넘어선다. 문득 살아가는 것도 이와 다르지 않음을 절실히 깨닫는다.

삶에서 내가 선택할 수 있는 부분이 그다지 많지 않을 것이라는 가정을 한다. 내가 인파 속에서 공간이동만 가능하듯 우리의 삶 역시 시간만 흐르거나 혹은 진보적으로 발전해 가는 세계만 있을 뿐이다. 그 틈에서 나는 영원히 정체될 수밖에 없을지도 모른다는 일종의 위기감이 엄습했다. 한번 결정된 사회적 위치와 인식은 바꾸기 힘들다. 미미한 위치 변동을 위해 아주 큰 대가를 치러야만 할지도 모른다. 그리고 정체될지언정 그나마 무리 속에 섞여 있음에 안도하는 무기력한 결정을 내린다.

나는 거리에 나와 많은 생각을 할 수 있었다. 지금까지 바쁘게 살아온 것들이 나를 여기까지 오게 했지만 생각해보면 바쁘다는 것은 안일한 내 성격 때문이다. 그렇다고 절망하지는 않는다. 절망하는 존재로 인해 사회라는 거대한 테두리가 아주 미미하지만 변화한다는 것도 알고 있기 때문이다. 거리의 속도와 방향의 결정에 인파의 한 구성원인 내 의지가 한몫하고 있다는 것을 알기 때문이다. 두렵고 쓸쓸한 시간이지만 희망을 잃지 않기로 다짐한다.

한가한 오후 거리의 시작점에서 무작정 걸어 끝에 닿았다가 그저 발걸음을 돌려 내가 살아가는 이곳으로 돌아왔다.

아주 잘 살았다고 말 할 수 있다면 성공한 삶이겠지만 지금껏 내가 걸어 온 길에 후회는 하지 않겠다. 좀 더 남은 생 역시 후회 없는 마무리를 잘해야겠다.

2019년 한국수필(등단)

현대문예협회(2002년 등단)

전) 여수고등학교 교장, 전) 전라남도 민선 교육의원,

전라남도 명예예술인(문학)

여수 수필문학협회 회장(현)

저서

「여니와 수니의 느낌표」(수필집)

「칼럼 윤문칠」

「못생긴 나무가 산을 지키듯이」(수필집)

윤문칠

곡성 깨비정식
구두와 검정고무신
나트랑의 아침!
넥타이 속에 담긴 시간

곡성 깨비정식

　나이가 들면 여유를 느끼는 것이 인생의 한 부분이라지만, 실버 세대가 되어도 여전히 하루하루는 분주하기만 하다. 50여 년 전 교단에 교육이라는 이름의 작은 한 그루 나무를 심어 그동안 교육 동지들과 소중한 만남으로 함께 심혈을 기울일 때는 누구보다 시력이 좋았고, 글을 읽고 쓸 때 전혀 불편함을 느끼지 않았다. 그런데 나이가 드니 눈앞이 점점 침침해지고, 글씨도 잘 보이지 않아 답답함을 느꼈다. 그런 변화는 공허함과 무력감을 불러왔다. 한동안 글을 쓰는 데 큰 어려움이 있었다.
　책을 읽을 때마다 글자가 흐릿하게 보일 때마다 마음이 답답했다. 처음에는 그저 나이가 들어서 그런 것이라 대수롭지 않게 생각했지만, 점점 상황은 심각해졌다. 결국 나는 안과를 몇 년째 찾아다녔다. 여러 방법을 고민한 끝에, 백내장 수술을 받으면 조금이라도 나아지지 않을까 하는 생각에 결국 수술을 결심했다. 수술 예약을 하고 병원을 찾는 날, 내 마음은 차가운 겨울바람처럼 날카롭고 어두웠다. 당일 폭설 예보가 있어서, 많은 눈이 내릴 것이라 예상되었다. 딸 세라는 걱정이 되었는지 일찍부터 집 앞에 차를 대기시키며 광주까지 운전해주기로 했다.

호남고속도로를 달리는 동안, 남쪽 지방에서는 보기 드문 대설주의보로 인해 하늘에서 쏟아지는 눈송이가 시야를 가리기도 했다. 도로 주변의 산들은 마치 세월의 흐름을 따라 나이를 먹은 듯, 백발의 눈을 덮고 있었다. 눈이 내리는 풍경은 아름답지만, 동시에 묘한 감정을 불러일으켰다. 운전이 조심스러워 우리는 곡성 휴게소에 들러 잠시 쉬어가며 점심을 먹기로 했다. 딸이 '깨비정식'을 주문했다. 왜 '깨비정식'이냐고 물었을 때, '곡성군에 있는 도깨비마을 지명을 따서 깨비라고 부른다.'라고 했다.

'깨비정식'의 맛을 잊을 수 없게 해준 또 하나의 기억은 50여 년 전, 학창 시절 서곡 정류장에서 삶은 돼지고기에 점심을 먹었던 그 날을 떠올리게 했다.

그 당시 추억의 돼지고기 오찬 맛은 너무 특별했기에, 시간이 지나도 여전히 그때의 감정을 불러일으킨다. 깨비정식이 주는 맛은 마치 그때의 맛을 다시 만나는 것 같았다. 딸과 아내와 함께 다시 차를 타고 병원으로 향했다.

목적지에 도착한 후, 나는 좌우 안에 백내장 수술을 받았다. 사람마다 눈의 모양은 다르다. 수술 후, 밖을 바라보니 흐린 하늘과 바다를 보는 듯한 착각에 빠졌다. 시력이 갑자기 드라마틱하게 좋아질 것만 같은 기대감은 아니었지만, 현실은 그리 달라지지 않았다. 시야가 조금 흐릿하게 느껴졌고, 이전과 다를 바 없다는 사실에 한편으로는 실망감을 느꼈다. 그 묘한 기분은 마치 삶의 변화와 새로운 시작을 맞이할 것이라는 기대와, 그저 평범한 일상이 계속될 것 같은 현실 사이에서 느껴지는 복잡한 감정이었다.

다음 날도 서해안 쪽에는 대설주의보가 내려 날씨는 여전히 좋지 않았고, 눈은 계속 내렸다. 그런데도 아름다운 설경은 내 마음을 새롭게 맞아주었다. 수술 후 진료를 받기 위해 딸과 함께 다시 병원을 찾았다.

"아빠, 점심을 어디서 먹고 갈까요?"

진료를 마치고 여수로 돌아오는 길, 딸이 물었다. 깨비정식이 생각났다. 이때 아니면 언제 먹을까 싶어 우리는 다시 휴게소에 들러 그 음식을 먹기로 했다. 길은 그렇게 순조롭지 않았다. 광주 시내를 벗어나 호남고속도로 곡성 휴게소 4km를 지나던 중, 차의 뒷바퀴에 이상이 생겨 갓길에 멈출 수밖에 없었다. 그 추운 날, 보험회사에 연락하고 기다리는 시간이 꽤 길었다.

차가 멈춘 고속도로 갓길은 눈이 계속 내리고 있었다. 주변의 설경은 여전히 아름다웠지만, 그 순간 나는 한쪽 눈에 안대를 하고 추위 속에서 견인차를 기다리고 있었다.

40분이 지나 견인차가 도착했다. 우리는 곡성읍의 정비소로 차를 옮겼고, 바퀴가 교체되기를 기다리며 근처 식당으로 들어갔다. 원래 깨비정식을 먹으려 했으나, 예상치 못한 상황에 계획을 바꿔야 했다. 근처 식당에서 뼈다귀해장국을 먹으며 한숨을 돌렸다. 뜨거운 국물이 속을 따뜻하게 감싸며, 조금은 안도감을 느낄 수 있었다. 집에서 기다리고 있을 아내에게 전화를 걸어 오늘의 일을 이야기했다. 사고가 날 뻔한 상황에서 불안한 마음이 컸지만, 그 순간에도 글 쓰는 생각이 먼저 떠올랐다. 글을 통해 내 마음이 정리되고 치유되는 느낌에 가슴속 상처를 조금씩 덜어내는 것 같았다.

시력이 조금만 더 좋아졌으면 좋겠다. 글 쓰는 기쁨도 더욱 커질 테니 말이다. 그 기쁨을 계속 이어갈 수 있겠다는 바람이 든다. 글 쓰는 즐거움과 함께 눈 건강을 되찾아, 내가 쓰는 글이 더 뚜렷하게 추억으로 남을 수 있기를 소망한다.

오늘 고속도로에서 내리던 눈을 맞으며, 인생의 길목에서 내가 겪은 작은 일들이 기록되고, 그 기억들이 결국 나에게 큰 의미로 다가올 것이라 믿는다.

2025. 01. 07.

구두와 검정 고무신

이른 새벽, 국동어항단지 바닷가를 걸었다. 수백 척의 어선들이 정박해 있는 항구는 안개가 잔뜩 끼어 있는 바다 주변 풍경은 흐릿했다.

만선으로 입항한 어선이 새벽녘 어류경매장 바닥에 싱싱한 생선들을 풀면, 경매꾼의 소리와 중매인들의 비밀스러운 손가락 동작으로 어류 위판이 시작된다.

교육계를 떠난 지 오래되어 이제 일과는 거리가 먼 백수의 삶을 살고 있어 아침 일찍 내 고향 마도로스 바닷가를 돌아보고 현관문을 열었다. 그때 아내가 신발장에서 오래되고 낡은 구두, 운동화 등을 골라놓고 "버릴까, 말까" 한다며, "혹시 확인 한번 해보세요."라고 말문을 연다. 신발 하나하나를 정리하는 아내의 침울한 표정을 보며 나는 잠시 멈칫했다.

"왜 그렇게 보고 있어요?" 아내는 잠시 생각하더니 진지하게 대답했다. "당신이 아침마다 구두를 신고 출근하는 삶의 모습이 떠

올라 그래서인지 버리기가 아깝네요."

 이 신발들은 지금까지 살아오는 동안 우리 가족에게 지극 정성을 다 하느라 고단했던 내 발을 보호해 주었을까? 교직 생활을 하며 '뜻이 있는 곳에 길이 있다'라는 신념으로 매일같이 뒤축이 닳도록 최선을 다했던 나의 삶에 견인차 구실을 했던 애착이 가는 정들었던 신발들이다.

 어릴 적에 우리 엄마가 "발에 맞는지 신어보아라." 하시며 건네주시던 새 검정 고무신은 그 시절 서민들에게는 질기고 물이 안 샌다는 점에서 최대의 히트상품이었다. 그때는 최고의 보물이자 순수한 마음의 징표였고 국민 신발이라 불러도 손색이 없을 만큼 우리에게는 신화 같은 존재였다.

 그때 기억으로, 보물처럼 소중했던 고무신 중에서도 '타이어 표'가 붙은 것이 질기면서도 부드러운 최고의 상품이었지만, 어린 우리에게는 모두가 만능 장난감이었다. 모래성을 쌓을 모래를 퍼 나르는 트럭, 개울가에서 고동을 잡아넣는 그릇, 둥실둥실 띄우면 나룻배가 되었다. 기차놀이, 신발 던지기도 하고 양손에 고무신을 들고 달리던 그때의 삶은 모두가 곤궁했다.

 찢어지면 실로 꿰매고, 안 되면 때워서 신었고, 사람의 무게를 견디며 이리 차이고 저리 차이다 여러 번 찢기고, 꿰매고, 땜질을 당하다가 결국 고물이 되어 엿장수의 엿가락으로 바뀌어 우리에게 달콤함을 선사하면서 고무신의 일생은 장렬하게 마감되었다.

 이러한 질곡의 과정을 거친 후, 어렵게 마련된 새로운 고무신은 얼마나 귀하고 소중한지 빨리 떨어질까 봐 신기도 아까워 양손에 들고 다니는 친구도 있었다.

  고무신의 삶은 우리에게 끝없는 희생과 헌신이었다. 교실이나 교회 등 실내에 들어갈 때 고무신을 벗어 놓으면 색깔이나 모양이 모두 같아서 자주 잃어버리곤 했다. 잃고 나면 맨발로 집에 돌아와, 제 물건 하나도 지키지 못한 숙맥이라며 부모님께 엄청나게 꾸중을 들었다. 그래서 신발주머니를 갖고 다녔다. 불에 달군 못으로 고무신 앞코에 구멍을 뚫거나 실로 'X' 표시를 하는 등 자신만의 표식을 하며 소중하게 다뤘던 검정 고무신은 보물이었다. 고무신을 신고 공을 차다 헛발질에 벗겨져 멀리 날아가 우리를 웃게 했던 순간들, 땀에 찬 고무신을 벗으면 퍼지던 발 냄새조차 추억이 되었다. 검정 고무신! 삶의 애환을 이보다 더 진하게 공유한 물건이 있었을까?

  그때 그 시절 생각에 구두를 버리기가 망설여졌지만, 아내의 결정에 따르기로 했다. 세상이 많이 변한 지금, 신발 속에 담긴 시간과 기억들은 나를 지탱해주는 힘이 되어주었다. 그 안에 깃든 나의 삶의 흔적들과 함께 나의 건강한 삶을 지켜준 파수꾼이었던 낡은 신발의 소중함을 가슴에 새겨본다.

나트랑의 아침(추억을 남기다)!

올여름, 불볕더위와 열대야가 이어지며 잠 못 드는 날들이 계속 되었지만, 그런 더위 속에서도 우리 가족은 설렘 가득한 마음으로 기다리고 있었다. 바로 베트남 나트랑으로 떠나는 자유여행! 이번 여행은 막내딸 송이가 방학을 맞아 기획한 특별한 여행이었고, 딸 세라의 가족을 포함해 9명이 함께 하는 대가족 여행(8. 11~16)이었다.

출발 당일, 한화 사택 영빈관에 모여 오찬을 함께하며 여행 이야기를 나눴다. 설렘 가득한 대화들이 오갔다. 우리는 두 대의 차를 나눠 타고 김해공항으로 향했고 차 안에서는 벌써 웃음꽃이 피었다. 드디어 떠난다니! 마음속에서 작은 모험심이 꿈틀댔다.

공항에 도착하니, 여름휴가를 맞아 떠나는 사람들로 북적인다. 우리도 여행객 대열에 합류해, 저녁 8시 저가 항공 비행기에 올랐다. 비행기 뒷좌석 55D, 비좁은 좌석에 4시간 30분 동안의 비행은 약간 고달팠지만, 그 역시 여행의 일부라는 생각에 나름대로 즐거웠다. 새벽 0시 10분, 드디어 베트남 캄란 공항에 도착했다. 공항 픽업 차를 타고 호텔로 가는 길에 갑자기 딸의 전화로 공항에서 전화가 왔다. 송이가 다급하게 "아빠! 가방이 바뀐 것 같아!" 하는데 타국에서 이런 일이 생기다니! 순간 당황스러웠지만, 셋째 사위가 능숙한 영어로 문제를 해결해주었고, 우리는 다시 공항으로 돌아가 여권을 확인한 뒤, 잘못 가져온 가방을 돌려받았다. 작은 해프닝이 오히려 여행의 시작을 더 흥미롭게 만들어주었다.

어둠이 짙게 깔린 베트남의 도로를 따라, 우리는 바다가 보이는 연륙교를 건너 쉐라톤 호텔로 향했다. 새벽 1시, 한국 시간으로는 벌써 3시가 되었지만, 피곤함보다 설렘이 가득했다. 호텔에 도착해 체크인을 마치고, 직원의 안내를 받아 방으로 향했다. 방문을 열자마자 놀라운 광경이 펼쳐진다. 침대 위에는 "결혼기념일을 축하합니다."라는 메시지가 담긴 이벤트 장식이 놓여 있었다. 훨씬 전에 지난 기념일이지만 세심한 환대에 감동했다.

열대야의 불볕더위를 피해 도착한 이곳은 더없이 시원하고 쾌적한 휴양지다. 낯선 나라지만 호텔의 친절한 서비스와 아름다운 분위기는 피로를 잊게 해주었다.

냐짱 가족 카톡방에서 아침 5시(한국시간은 7시) 사위의 문자가 도착했다. "해변 산책하고 왔습니다!"라는 메시지로 나를 깨워 덕분에 이른 아침부터 활동을 시작하게 되었고, 7시에는 모두 모여 호텔의 풍성한 조식을 즐기러 갔다. 외국 여행을 다니다 보면 음식이 체질에 잘 맞을 때도 있고 그렇지 않을 때도 있지만, 이번 나트랑 여행에서는 식사 걱정이 덜했다. 다만 요즘 노안이 와서 눈이 침침한 게 문제였다. 아침 뷔페를 즐길 때는 마누라의 도움을 받으며 접시를 가득 채웠고 덕분에 눈보다 입이 먼저 포식을 즐겼다. 아침부터 든든하게 배를 채우고 나니, 오늘 하루도 무척 즐겁게 보낼 수 있을 것 같은 기분이 든다.

 6층에 있는 수영장으로 가니, 야자수 나무로 둘러싸인 아름다운 해변의 풍경이 한눈에 들어왔다. 탁 트인 바다가 보이는 그곳에서 가족들은 본격적으로 즐거움을 만끽하기 시작했다. 특히 손녀들인 윤비와 유주는 신나게 물놀이를 하며 즐거운 비명을 질러댔다. 그 모습을 지켜보니 나도 덩달아 기분이 좋아진다. 하지만 컨디션이 좋지 않았던 유나는 수영장에 들어가지 못하고 발만 둥둥 담근 채 망설이는 모습이 안타까웠다. 점심에는 현지 음식을 맛있게 즐기고, 오후 3시쯤 우리는 주변 풍경을 감상하며 걸어서 바로 옆에 있는 인터콘티넨탈 호텔로 이동했다.

 체크인만 하고 바로 나와, 현지에서 빌린 렌터카를 타고 향한 곳은 8세기에서 13세기 사이에 지어진 포나가르 사원이었다. 이곳은 고대 참파 왕국의 유적지로, 인도의 영향을 받은 힌두교 사원단지가 자리하고 있었다. 사원의 웅장함과 고풍스러운 분위기는 한눈에 그 시대의 신비로움을 느끼게 했다. 고대 유적을 둘러보며 마치 타임머신을 타고 과거로 돌아간 듯한 기분에 가족들 모두 경탄을 금치 못했다. 사원 관람을 마친 후, 나트랑 시내로 다시 향한다. 길거리 과일가게에 들러 현지에서 나는 신선한 망고와 망고스틴을 사 맛보는데 입 안에서 달콤하게 녹아내려 여행의 맛을 더욱 풍성하게 해주었다. 시내에서 짧은 쇼핑을 마치고 저녁에는 현지 식당에 들러 현지 음식을 마음껏 즐겼다.

　다음 날 아침, 커튼을 젖히니 눈부신 바다 위의 햇살이 방 안을 환하게 채워 새로운 하루의 시작을 알리고 있었다. 우리는 서둘러 호텔 조식을 먹으러 나섰다. 여전히 한국인 입맛에 딱 맞는 음식들로 가득했지만 신선한 샐러드부터 따뜻한 국물 요리까지, 아침부터 배를 든든하게 채우고 나니 하루가 힘차게 시작될 것 같은 기분이었다. 2층에 있는 바다가 한눈에 내려다보이는 수영장에서 손주들과 함께 물놀이하며 더위를 날리는 시간은 이 여행에서 가장 즐거운 순간 중 하나였다.
　물속에서 손주들의 웃음소리와 바다를 배경으로 펼쳐진 아름다운 풍경이 어우러져, 시간 가는 줄 모르고 즐겼다. 가족들과 함께하는 시간이 얼마나 소중한지 새삼 깨달으며, 이번 여행이 우리 모두에게 오래도록 잊지 못할 소중한 추억으로 남을 것임을 느낄 수 있었다.
　호텔 체크아웃을 한 후, 우리는 준비된 픽업 차를 타고 시내로 나가 쇼핑을 즐기며 다양한 기념품과 현지 특산물을 구경한 뒤, 캄란으로 이동했다. 목적지는 래디슨블루 리조트! 도착해 체크인을 마치고 방으로 들어가니, 또 한 번 놀라운 장면이 기다리고 있었다. 여행 첫날처럼 오늘도 특별한 이벤트가 준비되어 있었는데, 침대 위에는 수건으로 만든 두 마리의 학이 놓여 있고, 주변에는 생화로 장식된 축하 메시지가 있었다.

알고 보니, 막내딸 송이가 아빠 엄마의 결혼 50주년을 기념해 호텔 측에 미리 요청한 깜짝 이벤트였다. 감동이 밀려왔다.

저녁에는 가족 모두가 현지 마사지 체험을 위해 설레는 표정으로 현지 마사지 샵으로 향했다. 우리 가족 9명이 함께 1시간 동안 마사지의 여유를 만끽하며 피로를 풀었는데 특히 어린 손녀들은 처음으로 경험하는 마사지에 신기해하며 매우 즐거워했다.

마사지를 마친 후, 옆에 있는 현지 식당에서 바비큐와 다양한 요리로 저녁 식사를 했다. 고기를 굽는 냄새와 그날의 분위기가 쌓인 피로를 모두 사라지게 한다. 가족들 모두 마사지 체험과 저녁 식사에 관한 이야기를 나누며 하루를 기분 좋게 마무리했다. 깨끗한 숙소와 경치 좋은 환경은 우리가 찾던 완벽한 휴양지임을 새삼 느끼게 해주었다.

다음 날 오전 5시에 잠에서 깨어 저 멀리 수평선 너머로 천천히 떠오르는 태양의 장관이 펼쳐졌다.

붉은 햇빛이 바다 위를 물들이며 눈부신 하루의 시작을 알리는 이 순간, 나트랑 캄란의 아침임을 온몸으로 마음 깊이 간직했다. 리조트에서 여느 날처럼 친절한 서비스를 받으며 가족들과 함께 아내 덕분에 든든히 조식을 먹었다. 손녀 윤비는 간밤에 음식을 잘못 먹었는지 아침을 먹지 못해 안타까웠다. 아내는 손녀가 걱정되어 빵을 따로 챙겨 오려 했으나 딸에게 제지당했고, 그 순간 서운한 감정이 살짝 스쳐 지나갔다.

투어 일정에 맞춰 픽업 차를 타고 1시간 30분 정도 이동해 도착한 곳은 열대 지방에서는 보기 힘든 양떼목장이었다. 더운 날씨 속에서 양 떼를 보니 묘한 기분이 들었는데, 대부분의 양은 무더위에 지쳐 잠을 자고 있었지만 그중 뿔이 있는 수컷 한 마리가 눈에 띄었다. 목장에서 풀을 사서 들고 나가자 잠자던 양들이 하나둘 일어나 먹이를 달라며 나를 따라다니는 모습이 신기했다. 목장을 둘러본 후에는 휴게소에 들러 야자수 열매에서 나오는 신선한 음료는 더위를 식히는 데 이보다 좋은 음료는 없다.

30분을 더 이동해 '판랑 사막'에 도착했다. 지프 차량 기사의 안내에 따라 우리는 사막의 끝없이 펼쳐진 모래 언덕을 배경으로 마누라와 손녀가 폭풍과 하늘을 나는 가족사진도 남기며, 또 하나의 멋진 추억이 쌓인 사막 썰매를 타며 모래 언덕을 즐겼다.

점심 식사를 위해 해변의 식당에 들렀다. 윤비는 여전히 배가 아프다며 힘들어하는 모습에 마음이 쓰였다. 다행히 숙소에 돌아온 후 현지 마사지 샵에 들러 피로를 풀었는지 아픈 손녀도 편안한 저녁을 맞이할 수 있었다.

마지막 날 아침이다. 리조트의 바다가 보이는 허허벌판처럼 탁 트인 수영장에서 마치 어린아이처럼 마음껏 수영을 즐기고, 피자와 햄버거로 간식을 먹으며 즐겁게 지냈다. 해변으로 나가보니 손주들이 끝없이 펼쳐진 망망대해를 배경으로 긴 모래밭에서 모래

장난을 하고 있었다. 그 모습을 보며 문득 '과연 다시 이곳에 올 수 있을까? 이번이 마지막 여행은 아닐까?' 하는 생각이 스쳐 지나갔다. 나이가 들수록 장담할 수 없는 일이 많아지지만, 그래도 이런 순간들을 소중히 간직하고 싶다.

그제 다녀왔던 마사지 샵을 다시 찾았다. 가족들 모두 마사지 체험 소감을 나누며 웃음을 터뜨린다. 특히 막내 손주 유주는 누워 있다가 어느새 뒤집혀 있었던 경험을 이야기하며 장난스레 웃음보를 터뜨려 모두에게 큰 웃음을 선사했다. 이렇게 마지막 밤을 보내기가 아쉬워, 망고, 두리안 등 현지의 과일을 배달시켜 맛있게 먹으며 여유롭게 시간을 보냈다.

오후 8시에 체크아웃을 마친 후 짐을 맡기고, 리조트 내 바닷가 식당인 블루랍스터에서 저녁 식사를 즐겼다. 어둠이 내려앉아 푸른 바다는 보이지 않았지만, 바다의 소리와 공기만으로도 충분히 분위기를 느낄 수 있었다. 마지막 저녁 식사를 하며 여행의 끝이 다가옴을 실감하니 아쉬움이 밀려왔다. 밤 10시, 리조트에서 공항으로 가는 셔틀버스를 타고 캄란 공항에 도착했지만 비행기가 2시간가량 연착되어 한참을 기다려야 했다.

결국 16일 새벽 0시 40분에 비행기에 탑승해 긴 비행 끝에 아침 7시 30분 김해 공항에 도착했다. 내려가는 길, 큰딸이 서운한 듯 "광양 집에 와서 카레 먹고 가세요."라는 메시지를 보냈지만, 피로에 지친 우리는 결국 가지 못했다. 특히 귀가 아파 고생했던 유나가 병원에 가야 해서, 바로 집으로 향할 수밖에 없었다. 결국 집에 도착해 엘지 사택 식당에서 오찬을 하며 이번 여정의 마무리를 지었다.

　식사 자리에서 가족들은 이번 자유여행이 얼마나 즐거웠는지 이야기꽃을 피웠고 사막에서 모두가 번쩍 뛰어올라 찍은 가족사진을 보며 한마디씩 추억을 나누는 동안, 이 여행이 우리에게 얼마나 소중한 기억으로 남을 것인지 새삼 깨달을 수 있었다. 모두가 서로의 웃음을 나누며, 이번 여행을 하나의 아름다운 추억을 그리며 장으로 마무리했다.

2024. 8. 14. 나트랑 판랑 사막에서
필자와 아내, 세라 가족(세라, 재현, 유나, 유주),
송 가족(송, 오흥, 윤비)과 함께

넥타이 속에 담긴 시간

초겨울의 차가운 바람이 불었다. 남쪽 지방에는 가벼운 비나 눈이 내리더니 오늘 아침도 공기가 차가웠다. 수필 오찬 모임에 다녀온 후, 집으로 들어섰을 때 아내는 방바닥에 넥타이를 늘어놓고 정리하고 있었다. 오래된 넥타이 하나하나를 만지며 침울한 표정을 짓는 아내의 모습에 나는 잠시 멈칫했다.

"왜 그렇게 보고 있어요?" 아내는 잠시 생각하더니 대답했다.

"당신이 아침마다 넥타이를 둘러메고 거울을 보던 모습이 떠올라서요. 그때 느껴지던 좋은 향기가 생각나네요. 그래서인지 버리기가 아깝네요."

그 말에 나도 넥타이를 하나씩 손에 들고 그 시절을 떠올렸다. 교직에 몸담아 학생들을 가르치던 시간, 교장 시절과 민선 교육의원 시절, 그리고 정치 생활에 이르기까지, 아내는 늘 내 곁에서 다양한 색깔의 넥타이를 골라 주었다. 그 50년의 정(情)이 깃든 넥타이들을 정리하며 나는 문득 되새겨본다.

넥타이는 안정성과 신뢰를 나타내면서도 열정과 변화를 상징하는 물건이다. 매일 아침, 넥타이를 매고 집을 나서면, 아내가 건네던 "잘 다녀오세요."라는 한마디는 나에게 새로운 하루를 시작하는 힘이 되었다. 학교에 도착했을 때 학생들과 동료 교사들이 "누가 이렇게 멋진 코디를 해줬나요?"라며 칭찬을 건넸던 기억이 생생하다. 그럴 때마다 나는 웃으며 "우리 집사람 덕분이죠."라고 말하곤 했다.

넥타이는 단순한 액세서리가 아니었다. 그것은 내 삶의 태도와 정체성을 표현하는 도구였고, 사람들과의 관계를 이어주는 다리였다. 교직 생활을 처음 시작했을 때부터 나는 매일 넥타이를 매고 다녔다. 젊은 시절, 섬 지역으로 첫 발령을 받았을 때도 양복에 넥타이를 매고 출근하던 나를 바라보며 주민들이 건네던 따뜻한 말씀들이 아직도 생생하다. 나는 다섯 형제 중 둘째로 태어났다. 아버지는 수산업을 경영하시며, 어릴 적부터 밥상머리에서 늘 교육을 강조하셨다.

효도와 형제간 우애, 시간과 약속의 중요성을 설파하시며, "남을 비판하기 전에 스스로를 돌아보라"라고 말씀하셨다. 특히 옷차림에 대해선 "남들보다 멋있게, 넥타이도 항상 깨끗하고 단정하게 매야 한다.'라는 말을 자주 하셨다. 나는 그 말씀을 가슴에 새기며 자라왔다. 그렇게 넥타이는 단순한 장신구를 넘어 나의 삶의 자세와 철학을 담아내는 상징이 되었다. 또한, 내가 걸어온 길을 증명하는 중요한 물건이었다. 매일 아침 넥타이를 매고 출근하며 나는 단지 사회적 지위를 표현한 것이 아니라, 교육자로서의 책임감과 성실함을 자신에게 상기시켰다.

이제는 교직도 떠났고, 사회 활동을 거의 하지 않는 일흔을 훌쩍 넘긴 나이가 되었지만, 넥타이는 여전히 내 삶에 묻어 있다. 요즘은 모임에서도 노 넥타이가 일반적이라 잘 매지 않지만, 가끔은 그때의 나를 떠올리며 넥타이를 고른다. 넥타이를 매는 것이 어색하게 느껴질 때도 있지만, 그것이 내 삶의 일부임을 부정할 수는 없다. 넥타이를 통해 나는 많은 것을 배웠다.

비즈니스 환경과 사회적 상징을 이해하며, 나 자신을 더 잘 알게 되었다. 비록 지금은 넥타이를 매고 출근하는 일은 없지만, 그 넥타이들 속에 담긴 시간과 기억들은 나를 지탱해주는 힘으로 남아 있다. 텅 비워진 넥타이걸이를 바라볼 때 느껴지는 쓸쓸함조차도, 그 안에 깃든 나의 삶의 흔적들로 인해 따뜻하다.

넥타이 속에 담긴 시간, 그것은 나의 삶과 함께였다.

사회사업가(사회복지사)

한국문인협회여수지부 회원, 동부수필문학회 회원,

한국수필가협회 회원, 서정문학작가회 회원

한국수필 신인상 등단(2024), 서정문학 수필 신인상 등단(2023),

한국문학세상 수필 신인문학상(2024)

한국문인협회여수지부 주관 제31회 여수시민백일장 장원(2022년, 산문 부문)

사회복지법인 베타니아복지재단 이사장 및 베타니아아동발달지원센터 대표(현)

국민포장 수훈(2009년), 보건복지부장관, 전라남도지사 표창 등 다수

일간신문, 월간잡지, 인터넷신문 등 칼럼, 기고문 55편

저서
「작은 나루 이야기」(산문집)
「숲을 품은 아이들」(산문집)
「인권과 복지」(전문서적)

김종호

말하는 의복
명상일까? 묵상일까!
메멘토 모리
나의 등대

말하는 의복(衣服)

내게 옷은 단순한 의복이 아니라, 삶의 철학을 대변하는 말(言)이었다.

그 시작은 2005년, 지금은 고인이 되신 장두석 선생님의 강의에서였다. 마치 김구 선생님이 환생한 것처럼, 한복 저고리, 바지에 하얀 두루마기를 입고 연단에 선 선생님의 모습은 그 자체로 메시지였다.

"당신들은 한국 사람입니까, 서양 사람입니까?"

얼굴만 동양인일 뿐, 옷도 지식도 종교도 서양의 것을 따르며 사는 우리를 향한 일갈이었다.

"우리나라 건국이념은? 인내천(人乃天)이나 신토불이(身土不二)의 참된 의미가 무엇인가?"

한국적인 생태교육의 사상과 철학의 근본을 들으며, 머리를 한 대 맞은 듯한 충격이었다.

그동안 나는 소아마비 장애를 가리기 위해 옷차림에 신경 쓰며, 계절마다 바뀌는 유행을 좇아왔다. 그러나 그날, 나는 옷으로 감추려 했던 약점이 아니라 옷으로 드러내야 할 신념을 보았다. 자연섬유로 만든 우리 옷이야말로 내가 추구하던 생태적 삶의 시작이라는 깨달음이었다. 그날 이후, 나는 365일 생활 한복을 입기로 맹세했다. 20년간 이어진 나의 첫 번째 '옷의 말'이었다.

나의 생활 한복 사랑은 때와 장소를 가리지 않았다. 전국 규모의 행사에도, 해외여행에서도 나의 분신처럼 함께했다. 팔꿈치와 무릎이 닳아 여러 번 덧대 기운 옷들은 세월의 훈장처럼 자랑스러웠다. 천연염색 무명옷은 생태 복지를 강의하는 나를 대신해 그 자체로 신념을 증언해주었다.

지금은 우리 옷이 엄청난 속도로 진화하고 발전하고 있어 젊은이들도 연예인들도 맵시 좋은 모습으로 빛을 발하고, 사람들이 선호하는 개량 한복이 되었다. 지난번 지중해 크루즈 여행에서도 한국의 젊은이들이 개량 한복을 입고 유럽의 도시와 배에서 즐기는 모습이 얼마나 아름다웠던지. 그러나 20년 전에 생활 한복에 대한 인식은 어떤 고집스러운 사람, 전통을 강조하는 특별한 사람의 이미지가 많았다. 사람들은 나를 '고집스러운 자연주의자'로 보았지만, 나는 그 시선마저 즐겼다. 옷은 내 몸의 일부이자 흔들림 없는 나의 정체성이었다.

그렇게 굳건했던 신념에 균열이 가기 시작한 것은 작년 겨울이었다. 20년의 지조는 변심(變心)이자 배반처럼 느껴져, 내려놓기 위한 이유를 필사적으로 찾아야 했다.

'생태적 삶이 이제 내면 깊이 뿌리내렸으니 겉모습에 얽매일 필요가 없어', '나이 들수록 부드러운 유연함이 필요하지' 자신을 설득했다.

결정적 계기는 아흔다섯 어머니를 모시고 병원에 갔을 때였다. 의사가 어머니가 아닌 나를 보고 "사모님 건강이 참 좋으시네요." 하면서 상노인 취급을 했을 때 나는 무너져 내렸다(멘붕). 나의 옷이 신념을 넘어, 낡아가는 내 몸뚱이마저 가려주지 못한다는 현실을 직시한 순간이었다.

지난겨울, 나는 20년의 세월을 거슬러 올라가 양복과 점퍼를 샀다. 어색함과 함께 새로운 옷에 도전하는 기쁨이 밀려왔다. 지난 2월 로마 크루즈 여행에서는 한복과 양복을 번갈아 입으며 다채로운 행복감을 맛보았다. 외출할 때 양복을 차려입으면 주변에서는 "잘 어울린다", "10년은 젊어 보인다"라고 넌지시 칭찬했고, 그 말에 아이처럼 기분이 좋아졌다.

지난달, 한 복지관에서 강의를 마쳤을 때였다. 7년 전에도 내 강의를 들었다는 한 중년의 직원이 배웅을 나오며 말했다.

"선생님, 감사합니다. 7년 전 한복 입으신 모습에서는 흔들림 없는 신념을 느꼈다면, 오늘 양복을 입고 자신의 변화를 솔직하게 말씀해 주시는 모습에서는 더 깊어진 생태에 대한 사랑과 희망을 느꼈습니다."

 순간, 모든 것이 명확해졌다. 20년간 생활 한복이 나의 신념을 형식화해서 말했다면, 이제는 한복을 벗은 나의 생태적인 삶이 더 깊은 울림을 전하고 있었다. 경직된 신념을 내려놓은 나의 변화가, 낡은 옷을 벗고 새 옷을 입은 나의 몸짓이, 오늘도 나를 대신해 말을 건넨 것이다.

명상일까? 묵상일까!

"지금부터는 묵상보다 명상을 더 많이 하면 좋겠네요!"

지난 2023년, 내가 평생 존경해온 두봉 레오나르도 주교님을 경북 의성의 작은 공소로 찾아뵈었을 때였다. 아흔을 훌쩍 넘긴 주교님은 여전히 소년처럼 환한 웃음으로 우리 일행을 맞아주셨고, 직접 삼계탕까지 대접해주시는 모습에 코끝이 찡해왔다. 식사 후 차를 마시다 용기를 내어 오랜 고민을 털어놓았다.

"주교님, 묵상은 해도 해도 어려운 것 같습니다. 어떻게 해야 깊어질 수 있을까요?" 당연히 묵상에 대한 영적 가르침을 기대했던 내게, 주교님의 답변은 망치로 머리를 맞은 듯한 충격이었다. 명상이라니. 가톨릭 신자로서 40년간 기도의 한 형태로 묵상을 붙잡아 왔지만, 명상은 낯설고 아득한 세계였다. 그저 둘이 비슷한 것이라 막연히 여겨왔던 무지를 애써 감추고 집으로 돌아와 '명상'을 검색했다. 억수처럼 쏟아지는 정보의 홍수 속에서 나는 길 잃은 양(多岐亡羊)이 된 기분이었다.

묵상과 명상. 둘 다 고요히 마음을 모으고 호흡을 다스리는 것은 같았지만, 그 길이 향하는 목적지는 달랐다. 묵상이 성경 말씀을 통해 '하느님'을 만나러 가는 길이라면, 명상은 흩어지고 요동치는 '내 마음'을 먼저 알아차리는 작업이었다. 영적인 깨달음을 얻고자 했던 묵상조차 40년 넘게 헤매고 있는데, 이제 와 내 마음을 들여다보는 생소한 공부를 시작하는 것은 거대한 산 앞에 선 듯 막막했다.

그런데도 주교님의 말씀을 허투루 들을 수 없어, 매일 아침과 저녁 시간을 떼어 명상을 시작했다. 하지만 고요함은커녕, 온갖 상념들이 고삐 풀린 망아지처럼 날뛰었다. 안정적인 호흡은커녕 숨이 가빠오기 일쑤였다. '나는 왜 이것밖에 안 될까?' 하는 자책감에 몇 번이고 포기하고 싶었다.

명상을 시작한 지 1년쯤 되었을까, 메마른 심신을 이끌고 고성에 있는 베네딕도 수도원으로 개인 피정[4]을 떠났다. 나는 면담 성사 중에 수사 신부님께 똑같은 어려움을 호소했다.

"신부님, 기도 시간이 부족해서인지 영적 생활에 기쁨이 없습니다."

수사 신부님은 기도의 양보다 '인격적인 만남'의 질이 중요하다고 하셨다. 그러면서 뜻밖의 처방을 내어주셨다. "매시간 5분만 떼어내 보십시오. 처음 3~4분은 오롯이 자신의 마음을 들여다보는 명상을, 그리고 마지막 1분만 하느님께 기도를 봉헌하는 겁니다."

4　피정 : '피세정념(避世靜念)'의 줄임말로 '세상을 피해 마음을 고요히 가짐'을 의미한다.

김종호

또다시 명상의 중요성을 듣게 되자, 어둠 속에서 한 줄기 빛을 만난 듯 기뻤다. "다만, 실천이 정말 어려울 겁니다. 의지를 갖고 노력하셔야 해요." 신부님의 나지막한 당부가 마음에 깊이 새겨졌다.
　일상으로 돌아오자마자 실천에 옮겼지만, 과연 그 말씀대로였다. 흐르는 시간의 강물 속에서 하던 일을 의식적으로 멈추는 것은 여간 어려운 일이 아니었다. 궁하면 통한다고 했던가. 나는 55분마다 알람이 울리도록 타이머를 맞췄다. 처음엔 날카로운 알람 소리가 야속했지만, 어느덧 그 소리는 멈춤과 돌아봄을 명하는 자비로운 종소리가 되었다.
　그렇게 3년. 70년 가까이 굳어진 습관의 장벽은 여전히 높지만, 이제는 제법 명상의 '맛'을 느낀다. 우공(愚公)이 산을 옮기듯, 매일의 꾸준한 훈련이 내 삶에 스며들자 놀라운 변화가 찾아왔다. 굳이 정해진 시간이 아니더라도, 화장실에 앉아서도, 운동하면서도, 내가 원하면 언제든 '집 나간 내 마음'을 불러올 수 있게 된 것이다. 내 안의 소란을 잠재우고 고요히 마음을 알아차릴 때, 온몸의 세포 하나하나가 평화로 노래하는 듯한 기쁨을 느낀다.
　인간은 몸, 마음, 정신, 영혼이 복잡하게 얽힌 유기체다. 나는 오랜 세월 '영혼'의 건강을 위해 묵상에 매달리면서, 정작 내 '마음'과 '정신'의 집이 낡고 병들어가는 것을 외면해 왔다. 명상은 바로 그 마음의 집을 돌보는 시간이었다. 마음이 건강해야 몸이 바로 서고, 몸과 마음이 무너질 때 정신이 우리를 건져 올리며, 그 모든 것이 지쳤을 때 비로소 영혼이 우리를 살려낸다는 것을 이제야 깨닫는다.

물론 이것이 묵상을 소홀히 하자는 의미는 결코 아니다. 천주교의 묵상은 성경의 현장 속에서 하느님과 인격적으로 만나는 거룩한 영적 체험이다. 그것은 내 영혼의 정원을 가꾸시는 하느님께서 생명의 물을 주시도록 나를 온전히 내어드리는 시간이다.

오늘도 잠시만 틈을 주면 어김없이 잡념이 고개를 들이민다. 집에 돌아와 승마 운동기구에 몸을 싣고 눈을 감는다. 이제 나는 더 이상 망설이지 않는다. 먼저 고요한 명상으로 내 마음의 먼지를 닦아낸다. 그리고 깨끗해진 그 자리에 비로소 주님을 위한 묵상의 자리를 편다. 둘은 더 이상 선택의 문제가 아닌, 내 삶을 온전히 채우는 하나의 거룩한 숨결이 되었다.

나는 매일 잠들기 전에 느린 들숨, 날숨의 리듬에 따라 내 이름을 부르면서 20번씩 만트라를 왼다. '수고했어, 고마워, 사랑해' 그리고 '주님, 자비를 베푸소서'를.

명상일까? 묵상일까!

김종호

메멘토 모리(memento mori)

'죽음을 기억하라(memento mori)'. 이번 지중해 크루즈 여행 내내, 이 라틴어 문장이 묵직한 파도처럼 밀려왔다.

로마의 바티칸박물관, 성 베드로 대성당, 콜로세움, 바르셀로나의 사그라다 파밀리아 대성당, 몰타의 고고학박물관에서 수천 년 전의 유적과 유골을 마주했을 때, 나는 시간의 거대함 앞에 먼지처럼 작아지는 인간의 유한함을 보았다. 찬란한 문명을 이룩했던 위대한 인간들은 모두 한 줌 흙으로 돌아갔고, 그들의 피조물만이 남아 그들의 죽음을 증언하고 있었다.

1만 년의 역사 앞에서 내 70년의 삶은 풀잎에 맺힌 이슬 한 방울 같았다. 우리는 그 시간 중 허락받은 시간만큼 살다가 자연으로 돌아간다. 여행하면서 너무 큰 인간의 능력 앞에 무서울 때도 있었지만, 인간은 유구한 자연과 역사 앞에 먼지(?)에 불과하고, 지구에 잠깐 왔다가는 존재가 아닌가 한다. 인생에 허무함과 함께 삶의 의미를 곱씹어보는, 지적인 '메멘토 모리'의 시간이었다.

하지만 내게 '메멘토 모리'가 머리의 언어가 아닌 온몸의 언어로 각인된 것은, 30년 전 그날의 일이다.

나는 한 수도회의 '죽음 피정'에 참가했다. 실제 빈소처럼 꾸며진 곳에 들어서 '故 김종호'라 적힌 내 이름 앞에 절을 올렸다. 이윽고 안내받아 준비된 목관 안으로 들어갔다. 뚜껑이 닫히고, 이내 칠흑 같은 어둠 속에서 망치 소리가 울려 퍼졌다. 쾅, 쾅, 쾅. 관 뚜껑에 못이 박히는 소리는 예고 없이 터진 천둥 벼락 같아 온몸이 그대로 굳어버렸다.

그 시간, 밖에서는 다른 참가자들이 내 이름을 부르며 슬픈 가락으로 하느님의 자비를 비는 연도를 바치고 있었다. 기도 소리를 들으면서 더 사랑하고 더 나누고 살지 못했던 회한의 눈물을 흘렸다. 뚜껑이 열리기까지 5분 정도의 시간은 영원처럼 길었다. 내 삶 속에 잘못 살았던 일, 미안하고 후회스러운 일들이 주마등처럼 흘러갔다. 후회와 회한에 뜨거운 눈물이 뺨을 타고 흘렀다. 마침내 뚜껑이 열리고 관 밖으로 나왔을 때, 나를 다른 방으로 안내했고, 그곳에서는 유언장을 쓰도록 했다.

그날, 처음으로 가족들에게 남기는 유언장을 쓰면서 나는 비로소 깨달았다. 죽음이란 언젠가 닥쳐올 막연한 사실이 아니라 지금, 이 순간에도 내 곁에 있는 생생한 실체라는 것을. 죽음의 체험을 삶의 문화로 내가 처음 깨달은 날, 1995년 11월 30일을 잊을 수 없다.

그 후 30년, 나는 거의 매년 연말이면 금고에서 유언장을 꺼내 읽고 수정하는 의식을 치른다. 내 재산의 분배와 기부처, 장례 절차와 방법, 그리고 남은 가족들에 대한 유언, 유언의 집행자도 자필로 적혀있다. 죽음 체험 피정을 한 후, 나는 사후(死後) 시신과 장기를 생명운동본부에 기증했다. 내가 죽으면 의과대학에 내 시신을 기증하고, 가족들만 장례를 치르도록 했고, 1년 뒤 남은 유해는 지정된 곳에 묻어달라는 구체적인 내용까지 유언장에 담겨 있다.

이번 지중해 여행에서 수천 년의 시간을 마주하며 느꼈던 '메멘토 모리'는, 30년 전 캄캄한 관 속에서 체감했던 그 절대 고독과 맞닿아 있었다. 죽음의 자리에서 삶을 바라보니 두렵고 허무했던 마음이 넉넉해졌다. 남아있는 삶을 더 잘 가꾸어야겠다는, 더 뜨겁게 사랑해야겠다는 용기가 솟아났다.

삶에서 중요한 건 사랑이다. '메멘토 모리'를 가까이하면 싫고 미운 것이 없지 않은데도, 어서 싫은 것 좋아하고 미운 것은 사랑해야 할 것 같다. 억지로 애를 쓰지 않아도 그렇게 되는 것 같다.

사람은 숨이 멎을 때 한 번 죽고, 사랑하는 이들의 기억에서 잊힐 때 두 번 죽는다고 한다. 살아있으면서 이미 죽은 존재가 되지 않기 위해 나는 오늘도 보고 싶은 이에게 전화하거나 찾아가려고 애쓴다.

'죽음을 기억하라(memento mori)'는 결국 '이 순간을 사랑하며 충실히 살라(carpe diem)'는 말과 동전의 양면이 아닐까. 죽음을 곁에 둘 때, 우리의 삶은 비로소 영원을 향해 빛나기 시작한다.

나의 등대

광활한 바다 위, 등대는 길 잃은 배들의 항로를 비추는 것을 사명으로 한다. 어찌 항해하는 배에만 등대가 필요할까. 고해(苦海)와 같던 내 삶의 바다에서 만약 나의 등대들을 만나지 못했다면, 나는 지금 어디로 흘러가고 있을까.

내 삶의 첫 등대는 칠흑 같던 10대 시절에 만난 '슈바이처' 박사였다. 세 살 때부터 지체장애인으로 살면서 사회적 편견이라는 파도에 휩쓸려 좌초해가던 때였다. 아프리카 오지에서 평생을 바친 그의 삶은 내 어두운 마음에 떨어진 하나의 불빛이었다. 그 불빛은 '의사가 되어 장애 없는 세상을 만들겠다'라는 거대한 불길로 타올랐다. 슈바이처라는 등대를 만난 후, 세상의 차별과 편견은 더 이상 고통이 아니었다. 꿈을 이루기 위해 반드시 거쳐야 할 훈련 과정일 뿐이었다.

그러나 운명의 1968년, '장애인은 의사가 될 수 없다'라는 불평

김종호

등한 제도의 벽은 필기시험 합격의 기쁨마저 앗아갔다. 신체검사에서 탈락하던 날, 내 삶의 첫 등대는 한순간에 꺼져버렸다. 그 후 7년, 나는 깊이를 알 수 없는 절망의 바다를 표류했다. 법대 진학을 원했지만, 가정형편으로 대학은 동생에게 양보를 강요받아 좌절했고, 자신의 존재 이유를 찾지 못한 카오스였다. 장애를 비관하고 세상을 원망하며 가출과 자살 기도라는 위태로운 암초 사이를 헤맸다.

긴 방황의 끝에서 나를 건져 올린 것은 여수 애양재활병원이었다. 세 번의 외과 수술을 받으며 나는 두 번째 등대를 만났다. 의사가 되지 못한다면, 의사들을 고용해 '슈바이처의 일'을 하는 사업가가 되면 되지 않는가! 꺼져가던 꿈이 다시 살아나는 순간이었다. 애양병원의 도움으로 전국에서 몰려오는 수많은 장애인을 대상으로 청소년 단체를 설립했고, 순천에 개원한 애양기술학원[5]을 물심양면으로 지원하며 5년간 자원봉사를 했다. 나는 자영업을 하면서도 1주일에 주말은 여수, 순천을 오가며 기숙사에 있는 장애인들에게 야학으로 한글과 수학을 가르치며, 그들의 눈 속에서 나의 새로운 항로를 발견했다. 내 인생에서 가장 행복했던 그 시절은 두 번째 등대가 비춰준 따스한 빛 덕분이었다.

나의 세 번째 등대는 천주교 빈첸시오회[6] 활동으로 만나게 된

---

5 애양기술학원 : 1978년에 순천 매곡동에서 장애 청소년 6명을 선발하여 양재, 양복 기술을 가르치며 애양원에서 시작했던 공동생활 가정형 기술학원으로 운영하다가 2008년 12월에 자진 폐원하였음.

6 빈첸시오회 : 천주교 봉사단체로 유엔의 공식 NGO 단체. 단순히 물질적 지원이

'장애 아동들'이었다. 여수시 부녀아동상담소에서 장애 아동을 위한 교육센터를 설립할 때, 지원하고 매월 정기봉사하면서였다. 내가 만난 '장애 아동들'이 내 인생의 전환점이 되었고 사라진 줄로 알았던 최초의 꿈을 잉걸불이 되어 다시 찾는 계기가 되었다. 40대에 다시 만난 나의 등대는 '장애인이 없는 세상 만들기'를 위해 나눔과 섬김의 사회사업가, 봉사자가 되는 항로를 안내하는 빛이 되어 주었다. 우리나라에서 장애 아동과 청소년들을 위한 최고의 생태적 사회복지시설을 만들면서 내 반생(半生)을 살고 있다. 생태와 자연주의를 실천하고 진정한 비움과 채움, 건강과 치유가 있는 '생태공동체'는 우리가 이루어야 할 통합의 두레다.

그 후로도 내 삶에는 수많은 등대가 있었다. '인물이 없다 한탄 말고, 네가 인물이 되어라.'라는 꾸짖음은 나를 평생 공부하는 사람으로 만들었고, '차별이 아닌 차이를 인정하라.'라는 가르침은 '다른 능력을 갖춘 같은 존재'라는 진리를 깨닫게 했다. '우리가 각각 하나의 우주이며, 쌀 한 톨에도 우주가 있다.'라는 가르침도 나의 등대였다. 어찌 이뿐이겠는가.

내 일생의 바다, 70여 년 항해 길을 되돌아보면 수많은 고비마다 나를 인도하는 길잡이 등대가 많았다. 이 모든 빛줄기가 모여 지금의 나를 만들었고, 삶의 에너지를 공급하는 발전소였다. 나는 참으로 행운아다.

아니라 가난한 사람들에게 필요한 것이 무엇인지, 사회정의를 구현하는 것이 주요 목표임을 강조함.

김종호

문득, 내 안의 또 다른 내가 묻는다. '평생 등대의 빛에 의지해 항해해 온 너는, 과연 누구를 위한 등대가 되었는가?' 부끄러움에 고개가 숙여진다. 이제는 내가 받은 빛을 나누어 줄 시간이다.

나는 장애인이 겪는 편견의 어둠을 밝히는 작은 등대이고 싶다. 장기와 시신 기증을 약속하며, 죽음마저 나눔이 될 수 있음을 알리는 등대. 우리 후손들이 살아갈 '공동의 집'인 자연과 환경의 소중함을, 생명에 대한 경외를 외치는 등대가 되고 싶다.

어둠이 깊기에 위대한 빛이 아니어도 좋다. 그저 내 자리에서 자신을 태워 길을 여는 작은 등대로 충분하다. 흠 많고 부족한 나이기에 오히려 가능하다. 나는 남은 생을 통해 나의 사명을 조용히 증명하며 살아가려 한다.

"아이들을 아이답게, 사회를 생태적 사회로 만들기 위해 살아가는 사회사업가 김 아무개."

이것이 나의 마지막 항로이자, 내가 되어 밝히고픈 작은 등대 이름이다.

엄정숙

구두를 닦으며
어머니의 흰 고무신
그 가을에 겪은 낭패
바다를 원서로 읽다

2002년 여수해양문학상 대상 수상

2006년 『매일신문』 신춘문예 수필 당선

『에세이스트』 등단, 캘리포니아 여성문학상 수상

『시를 사랑하는 사람들』 등단, 『창조문학신문』 신춘문예 당선

2015년 목포문학상 남도작가상 시 부문 당선

동부수필문학회 초대회장(2010~2022), 문협여수지부 부지부장 역임

저서

「갈매기 학습법」(시집)

「여수, 외발 갈매기」(수필집)

구두를 닦으며

남편의 구두를 닦는다. 날마다 닦는 구두지만 오늘은 왠지 좋은 일이 생길 것 같은 예감에 손끝에 힘이 더해진다. 바닥이 드러나기 시작한 캥거루 구두약을 천에 묻혀 가죽을 문지른다. 사람의 피부에 영양크림을 바른 것처럼 촉촉하고 부드럽다. 리드미컬한 손놀림으로 솔질을 하면 한쪽으로만 닳아진 구두가 절름절름 춤을 추어 박자를 맞추는 것 같다.

현관 바닥에 앉아 발을 구두 속에 넣고 천 양쪽을 당기며 광택을 낸다. 무사히 하루의 무게를 잘 견뎌 달라고 부탁이라도 하듯 아침마다 힘껏 구두를 닦는다. 채 몇 시간도 안 되어 뿌연 흙먼지를 뒤집어쓸 구두지만 신명진 손놀림으로 구두를 닦는다.

수협 공판장은 거칠고 살벌하다. 몇 초 동안에 물건의 품질을 판단하고 가격을 걸어 다른 이들과 고도의 신경전을 벌여야 하는 남편의 직업은 건어물 중개인이다. 그래서 그에게서는 언제나 건

조한 바닷냄새가 난다. 가끔은 해일이나 파도에 밀리는 난파선처럼 숨 가쁜 고비도 있지만 바다는 어머니의 젖줄처럼 치유의 길을 열어 주기도 한다. 그런 시간을 함께했던 구두 역시 흥건히 젖은 돛단배처럼 무겁고 힘들었던지 집으로 돌아오면 옆으로 쓰러져 누워 버리곤 한다. 그대로 두어도 누가 탓할 사람이 없지만 나는 한사코 세상 쪽으로 구두를 일으켜 세워 놓는다. 그런 나의 재빠른 행동이 어쩌면 남편을 조류가 급한 바다 한가운데로 내몰려는 몰인정한 처사 같기도 해서 주춤해질 때가 더러 있다.

내 구두는 그럴듯하게 닦아 본 적이 없다. 어쩌다 구두를 신고 외출을 해야 할 때는 걸레로 슬쩍 문지르고 나가면 그만이다. 지금까지 살아오면서 두 사람의 구두를 닦아 보았다. 오빠의 구두가 그중 하나다. ROTC 장교가 된 오빠의 군화를 나는 반짝반짝 윤이 나게 닦아 가지런히 댓돌 위에 앉혀 놓곤 했다. 늠름한 사회인으로 잠시 우리를 행복하게 만들어 주었을 때는 더더욱 신바람을 내며 아침마다 구두를 닦아 오빠의 출근길을 밝혀 놓았다. 앞날이 너무 눈부셨던 걸까.

흠도 결도 없이 투명한 가을날, 스물아홉 살의 오빠는 위암이라는 병명으로 이승을 떠났다. 홀몸으로 여섯 남매를 키워온 어머니의 가슴에 대못을 박아 놓은 채. 장례를 치르고 난 후에도 오빠의 구두는 현관 한구석에 물음표처럼 놓여 있었다. 하나의 부호로 현관을 차지하고 있는 구두를 버리지 못한 것은 오빠의 자취를 지워버리는 일이 두려웠던 때문일까. 아니면 오빠의 죽음을 묵

살해버리고 싶은 우리의 간절한 마음 때문이었을까. 정말이지 오빠가 홀연히 문을 열고 들어설 것만 같았다. 마지막으로 오빠의 구두를 닦아 주고 싶었다. 구두약 대신 눈물 바람으로 닦아 놓아도 구두는 금방 신었다 벗어 놓은 것처럼 생생했다. 반짝이는 구두 속에서 오빠의 체온과 웃음과 목소리까지 튀어나오기라도 한 것처럼 식구들은 장례 때보다 더 서럽게 울었다.

남편의 구두를 닦을 때면 가끔 그날의 시린 우리 식구들의 모습이 스쳐 가곤 한다. 내 영혼의 한 곳에 깊이 각인되어 몇십 년이 지난 지금까지도 또렷한 한 장의 흑백사진으로 되살아난다.

닦고 광택을 내야 할 것이 어디 구두뿐이랴. 몸과 마음은 물론 학문과 교양까지도 매일 닦지 않으면 때가 끼고 먼지가 앉게 마련이다. 하루하루 거울을 닦듯이 먼지를 털고 닦아야 하는데도 제대로 닦아 놓은 것이 하나도 없어 쓸쓸함만 더해 간다. 오빠의 구두나 남편의 구두를 닦는 것처럼 나 자신의 길을 열심히 닦았더라면 그들이 비록 먼지 묻은 구두를 신고라도 하늘을 오를 듯이 기뻐하며 나를 자랑스러워했을지도 모른다. 구두는 구두닦이에게 맡기고 너 자신을 닦으라고 말하고 싶었는지도 모를 일이다. 구두코에 입김을 불어가며 광택을 내다가도 그런 생각이 들면 나 자신이 참 한심해 보인다. 구두 닦는 손에 문득 힘이 빠지는 순간이다.

아무래도 나의 전생은 구두닦이 소년이었는지도 모른다.
"아저씨, 구두를 닦게 해주세요."

폴란드의 피아니스니트이자 정치가였던 파데레프스키가 미국을 방문했을 때, 보스턴역에서 기차를 기다리는 그에게 한 구두닦이 소년이 다가왔다. 꾸벅 허리를 굽힌 그 소년의 얼굴에는 구두약이 잔뜩 묻어 있었다.

"꼬마야, 내 구두는 닦지 않아도 좋다. 그러나 네 얼굴은 좀 닦아야겠다. 얼굴을 닦고 오면 그 값으로 은화 한 닢을 줄 테니."

순간순간 내 마음의 거울을 들여다보게 하는 따뜻한 대화의 한 토막이다.

가을은 생각보다 빨리 깊어간다. 하룻밤 가랑비에도 노란 은행잎이 거리에 수북하다. 서로 사랑하며 살아갈 날들도 하루씩 떨어져 간다. 하산을 서두르는 고운 단풍을 보기 위해 사람들은 들뜬 모습으로 산으로 간다. 남편의 가을은 남도의 푸르딩딩한 바닷가에 불경기의 수심처럼 머물러 있다. 나는 남편의 옷과 신발에 묻어오는 마른 멸치 비린내를 가을 바다의 향기로 여기며 신발보다 더 낮게 엎드려 그의 구두를 닦는다. 하루치의 노역을 신고 타박타박 사막을 가야 하는 낙타의 등을 쓰다듬듯 가슴 속의 얼룩과 주름살을 펴듯 정성을 다해 구두를 닦는다. 한바탕의 신바람까지 곁들여 닦은 구두 한 켤레가 햇살처럼 집 안팎을 환하게 밝혀 준다.

오빠의 구두가 내 기억 속에 아직 어두움으로 남아 있다면, 오늘 아침 내가 닦아 놓은 남편의 구두 한 켤레는 새로운 날을 시작하는 삶의 밝은 빛이 되었으면 좋겠다.

어머니의 흰 고무신

4월 첫날과 둘째 날 사이는 천하없어도 벚꽃이 만개한다고 나는 믿는다.

19년 전 어머니가 돌아가시던 날부터 그렇게 생각하는 버릇이 생겼다. 벚꽃이 절정에 이르면, 흐린 날에도 백열전구를 켠 듯 밝다. 켜켜이 쌓인 고요까지도 읽을 수 있다. 봄꽃 중에 이만한 면적으로 세상을 하얗게 덮을 수 있는 꽃은 벚꽃밖에 없을 것이다. 내가 사는 동네만 해도 웬만한 결점은 다 가려진다. 벚꽃의 한철은 짧고 막무가내로 희다.

어머니가 돌아가시던 날은 많은 비가 왔다. 바람도 드세게 불었다. '날씨가 어머니를 위해 씻김굿을 하나 보다' 하는 생각을 예수만 믿는 우리 집 식구들 몰래 내가 했던 것 같다. 그만큼 사나운 비바람이었다. 장지인 여수로 오는 날은 하늘이 온화한 미소로 어머니의 귀향길을 밝혀 주었다. 기다렸다는 듯이 만개한 벚꽃이 운구 행렬로 길게 이어졌다. 지난한 어머니의 생을 산천초목이 꽃으

엄정숙 219

로 위로해 주는 듯했다. 흰빛이 쌓이니까 잠시 세상과는 무관한 공간이 아득하고 서늘했다

우리의 노벨상 수상 작가인 한강은 그의 책 『흰』에서 흰 눈보라를 '압도적으로 아름다운 이것'이라고 했다. 그는 세상의 흰 것에 대해 일일이 질문과 답을 하고 있다. 내가 아는 흰빛의 경계를 단번에 무너뜨리는 '모든 흰'을 읽었다. 내게도 '흰'에 대한 서사가 하나 있다. 내 마음의 댓돌 위에 올려놓은 흰 고무신이다. 선뜻 직면하고 싶지 않은 어머니의 초상이다.

〈흐르는 강물처럼〉이라는 노래 가사 중에, '울퉁불퉁한 길이나 구불구불한 길, 지도조차 없는, 그것 또한 인생이어서 뒤돌아보면 아득히 먼 고향이 보인다.'라는 대목을 나는 좋아한다. 일본의 쇼와 시대를 대표하는 가수이자 배우인 미소라 히바리가 부른 노랫말을 벚꽃 아래서 외워 보았다. 벚꽃이 만발한 날은 어머니의 기일이다. 동생들과 성묘를 겸해서 벚꽃 길을 걸었다. 즐거웠던 유년의 이야기를 하면서 벚꽃처럼 웃었다.

나는 지금 세상을 떠난 사람들을 편하게 기억해도 되는 노년의 시간 앞에 서 있다. 지금을 지나야만 그다음이 펼쳐지는 강물을 보듯 나는 지금 흐르는 세월 앞에 있다. 지도도 없이 걸어온 어머니의 길 위에 오빠가 보인다.

스물아홉 살 오빠의 장례를 치르던 날은 벚꽃보다 흰 눈발이 날렸다. 쉰 다섯 번이나 해가 바뀌었는데 나는 아직도 스물아홉이라는 숫자에 호흡을 가다듬는다. 오빠의 나이는 내 의식 속에서 이끼도 끼지 않고 녹도 슬지 않은, 새벽 기차처럼 젊다. 홀몸으로

여섯 남매를 키우면서 오빠를 바라보는 어머니의 자랑스러운 눈빛을 나는 잊을 수가 없다. 오빠의 대학교 등록금 챙길 때가 되면 고쟁이에 달린 주머니를 얼마나 만지작거렸는지 바느질로 꿰맬 정도였다. 나는 그 이야기를 누구에게도 한 적이 없듯이, 어머니의 흰 고무신도 내 안의 비밀번호로 봉해져 있다. 내가 사는 집에도 비밀번호가 많은데 어머니의 흰 고무신까지 내가 지키고 있다. 남이 들으면 별일 아닐 텐데, 스물세 살 된 내게는 큰 충격이었다는 생각이 든다. 그때의 정황은 이랬다.

오빠를 묻고 온 다음 날부터 어머니는 마장동에서 마석행 버스를 탔다. 화분 하나와 호미를 안고 날마다 오빠의 묘지를 찾았다. 버스에서 내리면 어머니의 걸음은 빨라지고 나는 숨이 찼다. 요즘 말로 루틴이 된 어머니의 묘지 행은 일 년 이상 이어졌나 싶다. 어머니의 애절한 행동은 묘지 관리사무소를 넘어 오빠 곁에서 잠든 이웃의 가족까지 알게 되었다. 우리 집에 혼기에 다다른 딸이 있는지 묻는 집안도 있었다.

내가 어머니의 고무신을 본 것은 여름이 다 갈 무렵이었다. 걸음을 옮길 때마다 발밑에서 쩍쩍 소리가 나는 것을 그때서야 알아차렸다.

해가 아무리 바뀌어도 어머니의 흰 고무신은 더 이상 닳지도 않고 내 생애 안에 오롯이 남아 있다. 이런 시도 한 편 써 두었다.

그날 오빠가 떠나고 난 뒤
어머니는 날마다 꽃을 심었다

엄정숙

꽃이 시들기도 전에

어머니의 흰 고무신에서

쩍쩍 소리가 났다 여름이었다

흰 가루가 눈물방울처럼 차가웠다

무작정 피는 꽃이 무안해 할까 봐

어머니는 상처 위에다 나무를 심었다

상처보다 좋은 땅은 어느 별에도 없었다

아직 울음을 모르는 나무 밑동에다

오빠 이름이 적힌 문패를 달았다

모질고 독한 못 박는 소리가

소쩍새 울음보다 슬펐다

오빠 얼굴도 모르는 새들이

하루에도 몇 번씩 찾아와

저희끼리 번을 선다는 소문도 있었다

-'공원묘지' 전문

그 가을에 겪은 낭패

일본말로 니하쿠도카(210일)라는 말이 있다. 입춘부터 이백십일이 될 때 무서운 태풍이 온다는 말이다. 입춘은 2월 4일이니까 7개월 후, 그러니까 9월 초가 되는데 8월부터 9월 전후해서 우리나라에도 태풍이 자주 다녀간다.

여름은 조용히 왔다 가는 계절이 아니다. 여름의 끝자락에 약속이나 한 듯 태풍이 오고야 만다. 가볍게 올 때도 있지만 대개는 한바탕 전쟁을 치르듯 바다와 육지를 할퀴고 간다. 특히 바다는 태풍의 첫 번째 제물이다.

나는 바다가 아기 턱받이처럼 둘러 있는 아파트에서 20년째 살고 있다. 태풍의 조짐이 보이면 5월 보리밭처럼 출렁거리던 바다가 3D 입체영화 화면으로 바뀐다. 그럴 때마다 나는 야릇한 흥분과 전율을 맛보곤 한다. 태풍이 절정에 이르면 섬들은 물론 바다 자체가 보이지 않는다. 하늘과 땅의 경계도 가늠할 수가 없다. 우리 식구들은 태풍의 터널을 통과할 때까지 한마음으로 숨을 죽이며 기다린다. 영화 '사운드 오브 뮤직'의 가족합창단이 오스트리아를 탈출하는 장면처럼 긴장과 두려움의 순간이다. 바람 소리가 잦아들면 태풍이 지나간 게 아니고, 우리가 태풍 속을 빠져나온 듯 안도의 한숨을 쉰다. 사람의 일생 가운데도 태풍이 더러 있지만 해마다 오지 않는 것은 참 고마운 천칙이다.

어느 가을 초입에 태풍 한 개가 한반도를 급습했다. 아니, 바닷가에 있는 우리 아파트를 정면으로 강타했다. 베란다 유리창이 깨지고 방 하나는 물바다가 되었다. 금방이라도 집안이 바람 풍선이 되어 공중으로 날아갈 것 같았다. 내게는 설상가상의 형국이었다. 태풍이 오기 얼마 전에 발목을 다쳐 깁스하고 있었기 때문이다. 넘어지지도 않았는데 복사뼈에 금이 간 것부터가 예사롭지 않았다. 작은 변수가 큰 변수로 확대되는 나비효과가 이런 것일까? 내 운명은 잠자던 나비의 날갯짓부터 세팅이 된 것이 분명했다. '재앙은 싱글로 오지 않는다'라는 화불단행禍不單行의 단초 같게도 생각되었다. 하지만 비좁은 내 신변에 불행의 파장이 또 번질 곳이 나 있을까 싶었다.

건강검진을 받은 병원에서 전문의를 찾아가라는 소견을 받았다. 깨진 유리 파편들은 지인들이 와서 치워 주었지만 난장판이 된 방은 손을 댈 엄두가 나지 않았다. 태풍 뒤에 펼쳐진 맑은 하늘은 가을을 앞당기듯 청명했다.

나는 의사를 만나는 걱정보다 집수리에 대한 대책을 세우기에 마음이 급급했다. 인근에서 가장 큰 종합병원의 의사는 건강검진 결과표를 꼼꼼히 살피더니 골수검사를 제안했다. 한쪽 골반을 헤집더니 골수가 없다는 것이다. 멀쩡한 나는 지루하고 고통스러웠지만, 의사의 지시대로 다른 쪽 골반을 내밀었다. 나보다 더 고생스러워 보이는 의사는, 유전자 검사를 할 골수조차 찾지 못했다며 큰 병원으로 빨리 가보라고 했다. 안쓰럽고 미안한 얼굴이 마치 자기 탓인 듯 굳어 있었다. 형제들이 있는 곳이면 더 좋겠다는 고견도 내놓았다. 골수가 무슨 일을 하는 물질인지 묻지 않는 내게 골수와 혈소판과 혈액의 관계를 자세히 설명해 주었다. 조금만 부딪쳐도 멍이 잘 드는 나는 의사의 말이 다 틀리지는 않는 것 같았다.

그러고 보니 내게는 '있는 것'보다 '없는 것'이 더 많다는 사실을 새삼 깨달았다. 남한테 있는 것이 부러운 적은 없었지만, 골수까지 없다고 하니 새삼 결핍에 대한 느낌이 블랙홀처럼 아득하기만 했다.

그날 병원에서는 그리 큰 사건이 없었는지 간호사들이 나를 조심스럽게 힐끗힐끗 쳐다보았다. 나는 피에로가 된 듯 표정 관리를 하느라 여간 고생한 게 아니었다. 남편은 뭘 좀 아는지 안색이 창백했다. 그리고 결심을 굳힌 듯 아파트를 새로 고쳐서 새집으로 만들어야겠다고 했다. 나는 서울로 가야하고 살림은 이삿짐센터로 보내야 하지만, 젖은 방과 깨진 유리창을 따로 궁리하지 않아도 된다는 사실이 반갑기만 했다. 속으로 쾌재를 불렀다. 위 아래층에서 내부 수리하는 것을 보았지만, "두껍아, 두껍아, 헌 집 줄게 새집 다오" 하는 소원을 빌어 본 적은 없었다. 트라이앵글 콘셉트의 맞춤형 재앙 속에 이런 호재가 숨어 있었다니, 아파트의 황홀한 변신을 상상하니 목발도 내 발처럼 가벼웠다. 먹구름 뒤에 반짝이는 은빛에 나는 설레기 시작했다.

가을이 사박사박, 모래밭을 걸어오는 것처럼 더디게만 느껴졌다. 계절 감각도 잃은 채 남편은 집수리를 시작하고, 나는 모 대학병원에서 다시 골수검사를 받았다. 의사는 내게 '재생불량성빈혈'이라는 병명을 주홍글씨 대신 달아 주었다. 골수가 하나도 없다는 말을 들었을 때보다 마음이 더 착잡했다.

아파트 내부 공사는 한 달 가까이 걸렸다. 너무 낯설어서 초현실적인 공간 같았다. 어쩌면 내가 초현실 오브제로 엉뚱한 조형물이 아닌가 싶었다. 치질이나 변비 정도가 아닌데도 그런 객쩍은 생각을 하면 조금 재밌기도 하고 비통하기도 했다. 건강한 사람이 맛볼 수 없는 색다른 감흥이었다.

태풍이 오거나 가을이 되면 반드시 그때의 일이 생각난다. 탄력 있는 속도감과 트라이앵글 구조의 사건 전말 때문이리라. 심지어 수필 한 편을 쓰려고 해도 그 기억이 선명하게 떠오른다.

바다를 원서로 읽다

지난여름은 너무 더워서 바닷가에 가지 못했다. 가을부터 마음먹고 걷기 시작했다. 가벼운 산책이지만 내게는 적당한 운동이다. 비릿하고 상큼한 바다 공기는 감동으로 맞이하면 몸이 반응한다. 나른한 옷고름처럼 풀린 바닷가 산책로는 서목섬이 보이는 무지개 해안도로다. 도시의 소음이 멀고 한적하다. 사람이 지나가고 자전거도 스쳐 간다. 다들 앞만 보고 간다. 표정 없이도 잘 사는 우리의 정서는 쓸쓸하고 까칠하다. 무표정은 부담이 없어 편하다. 나도 하루 종일 감정을 표할 일이 없어 로봇을 닮아간다.

사람을 보면, 어김없이 "하이"나 "헬로"라고 인사를 하던 미국에서의 훈훈한 기억이 떠오른다. 그 친화력을 몸에 익히는 데는 오래 걸리지 않았다. 그런 문화에 길든 사람처럼 행세하고 싶어 쪼가리 전단까지 사전을 찾아가며 읽었다. 낡은 건물 벽에 붙은 경고문도 경구처럼 받들었다.

오늘은 날씨가 화창하다. 하늘은 더 푸르고 바다는 더 쪽빛이다. '더'라는 말은 확장성을 지녀서 멀리 있는 추억을 단숨에 불러온다. 비행기를 타고 창을 통해 본 검푸른 바다가 생각난다. 공포를 느낄 만큼 아득한 물빛을 꿈에서 볼까 두려웠다. 미국과 러시아의 경계인 베링해협을 지나는 중이었다. 한가운데에 섬 두 개가 있는데, 서쪽에 있는 섬은 러시아 땅이고, 동쪽에 있는 섬은 미국 땅이라고 했다. 고작 4km의 간격으로 떨어진 섬과 섬 사이로 날짜 변경선이 지나간다는 것이다. 21시간의 차이가 난다며 남편은 시간을 고쳤다. 시곗바늘을 맞추며 "여기서부터 미국이야" 하며, 누님을 만나고 딸을 보는 기대로 들떠 있었다. 코로나의 재난이 닥치기 전까지 우리는 그 바다 위를 오면 가면 세월을 보냈다. 이제 남편은 시간과 공간을 잴 수 없는 곳으로 가버리고 시계만 남았다. 서랍을 열 때마다 그 아득한 물빛이 생각난다.

갯벌에서 굴을 따는 여자들이 옹기종기 모여 있다. 갯것 앞에서 나이는 쓸모가 없다. 손과 칼의 호흡이 망태기를 부풀게 한다. 이곳 갯벌은 어촌계의 관할이다. 동네 부녀자들의 소득원이어서 함부로 조개나 굴 따위를 채취할 수가 없다. 여자들은 힘이 세고 입담도 좋다. 전라도 윗녘 사는 젊은 사람이 큰 상을 타서 나라가 들썩거린다고 이야기하면서 허리를 편다. 다들 질세라 한마디씩 거든다. 한강 작가의 노벨문학상 수상의 파장이 물의 내면까지도 적시고 있다. 나는 원서로 읽을 수 있는 올해의 노벨문학상이라는 사실이 가장 낯설고 경이로웠다. 내가 미국에서 가끔 들르던 서점이 있었다. 책을 사서 읽을 수는 없지만 표지를 들춰 보는 것으로 대리만족을 삼던 곳이다. 한강 작가가 수상하고 전 세계의 서점과 출판계가 소용돌이를 칠 때, 나는 팜스프링스 서점의 대형 유리문을 밀고 들어가는 꿈을 꾸었다. 특설 코너에 번역본《소년이 온다》,《채식주의자》와 더불어 엄청난 한강의 책들이 들어섰을 생각을 하며 나는 득의의 미소를 숨길 수가 없었다.

바람과 햇살이 지천인 물가에서 노령연금도, 자식 자랑도 한바탕 물살을 타고 논다. 바다를 밑천으로 사는 사람들은 말을 부리는 솜씨도 막힌 데가 없다. 야생의 산문이다. 한국 사람의 집단 정서는 어딜 가나 좀 억센 데가 있다. 물때가 되어간다고 아낙네들이 엉덩이를 이리저리 옮겨가고 있었다. 나는 가까운 돌계단을 떠날 때 사진을 찍어 두었다. 개펄에 새겨진 시간의 무늬가 바다의 수식어로 환생할 수도 있으니까.

마른 나뭇가지 위에서 까치 몇 마리가 오락가락한다. 까치는 여섯 살 아이만큼의 지능이 있다고 한다. 이 적막을 공유하기에 충분하다. 까치가 적막을 깨기 전에 일곱 명의 성악가가 '가고파'를 부르는 동영상을 본다. 거문도의 절경이 배경으로 흐르는데 가슴이 뻐근하다. 고향에서 들어도 고향 바다가 그리운, 절묘한 노랫말과 곡조다. 사는 일이 고달프면 애조가 한층 진해지는 노래다. 남편은 여수에서 기러기 아빠로 살고 나는 미국에서 딸과 함께 있었다. 친구의 소개로 컴퓨터 칩 조립 회사에 취직도 했다. 실리콘 벨리에서 물건을 수거해서 오는 일인데, 아주 작은 칩의 기호들을 읽기 위해 성능 좋은 돋보기를 지참하고 다닌 일이 잊히지 않는다. 직장 생활은 할 만했던 모양이다. 샌프란시스코 금문교 다리를 건너 광활한 태평양 바다를 보고도 '내 고향 남쪽 바다 그 파란 물 눈에 보이네' 같은, 눈시울이 붉어지는 노래는 떠오르지 않았다. 나는 모종의 경험과 요령이 생기는 타국의 생활에 익숙해지는 나 자신의 교활함에 탄복했다. 종교심이 있는 사람은 '감사'라는 표현을 쓴다. 나는 경건을 내세울 만한 삶의 형태를 지녀본 적이 없다. 여기까지 오는 데는 속수무책이 한몫했음을 나는 안다.

  재작년인가 미국 덴버에 사는 친구가 실버타운을 알아보겠다고 왔다. 몇몇 친구들과 밴을 타고 한바탕 돌아보고 왔다. 나와는 상관없는 일처럼 여겼는데 날이 저물고 혼자가 되니까 세상의 풍경이 보인다. 그중 바다는 나와 가장 가깝고, 많은 영감을 주는 곳이다. 물때썰때를 따라 산란하는 문장을 읽는 시간이 일과 중 큰 즐거움이 되었다.

곽경자

금오도 일지 1
금오도 일지 5
숭어 떼 뛰어 오르듯
엄마라는 이름으로

제2회 체신부 '전국어머니 편지쓰기' 장려상

대한생명 '가족사랑 편지쓰기' 은상

제9회 동서커피문학상 맥심상

전남 백일장 시부 차상

《에세이스트》신인상(수필 등단)

전남대학교 평생교육원 문예창작과정 8학기 수료

《문학저널》신인상(시) 2018년

금오도에서 펜션 '별밤지기' 운영 중

저서

「금오도 편지」(시집)

금오도 일지 1
_금오도의 가을 편지

가을이 오는 소리가 들립니다. 이른 봄부터 새하얀 꽃을 피워 우리를 고운 감성으로 이끌어 주던 돌배나무 잎 떨어지는 소리가 가을이 오는 소리입니다. 창밖으로 보이는 앞산의 나뭇잎들의 푸른빛은 엷어지지만, 유난히 햇볕에 반짝이는 것을 보면 떠나야 하는 여름 햇살의 아쉬움만 같습니다.

빈 밭의 억새꽃이 머리를 풀어 헤치는 모습은 가을이 오는 소리입니다. 구름 한 점 없는 날이 많은 파란 하늘을 장식해 주는 것은 저 푸른 자연이 있기 때문입니다.

가을이 되면 온 세상이 아름답습니다. 하늘을 봐도 들을 봐도 먼 산을 봐도 나뭇잎 한 잎 한 잎을 봐도 모두가 아름다움입니다, 햇살은 또 어찌 그리도 고운지, 곱기만 한 것이 아니고 반짝입니다. 봄 여름 겨울 햇살도 반짝인다고 하겠지만 가을 햇살은 어디서도 반짝입니다. 모두가 가을이라는 이름을 달아서 일 것입니다. 내가 가을을 그렇게 느끼는 것이 아닌지 모르겠습니다.

곽경자

요즘은 밤이 많이 길어져서 새벽이 짧습니다. 그래서 느긋하게 아침을 먹고 산책길에 나서면 여름에는 엄두도 내지 못할 햇살 아래서 내가 걷고 있습니다. 볼을 스치는 바람은 솜사탕 같은 단내가 납니다. 날마다 가는 산책길에서 만나는 까막까치와 참새와의 인사도 정겹습니다. 저들도 불볕더위를 이겨내면서 먹고살아야 하는 현실이 참 힘들었을 것입니다. 지금은 저들의 날갯짓도 여유로워 보입니다. 저들에게도 이 가을의 고운 바람이 전해진 것일 겁니다. 누군가 밭둑에 심어놓은 참옻나무잎이 노랗게 익어 가을 노래를 부르고 있습니다. 오늘은 바람이 감성 깊은 노래를 하고 있습니다. 바람도 날마다 다른 노래를 합니다. 어떤 날은 감성 깊은 노래를, 어떤 날은 흥겨운 춤사위를 보는 듯한 노래를 합니다.

몬당에 올라서면 바다는 가슴을 환하게 열어줍니다. 이 가을에 바라보는 바다는 멀리서 봐도 느긋합니다. 바다 위에는 작은 무인도가 분재를 올려놓은 듯 자리 잡고 있습니다. 하지와 동지 사이를 걷는 해님의 길이기도 합니다.

오늘 아침은 새벽 산책길에 올랐더니 저만치에서 관광객인 듯싶은 여자분들이 뛰어옵니다. "왜 그렇게 바쁘세요?" 하고 웃으면서 물으니 일출을 보기 위해 우체국으로 간다고 합니다. 우체국은 바로 우리 집 옆입니다. 그곳은 여름 일출은 볼 수 있어도 가을 일출은 볼 수 없는 장소입니다. 우리 집 마당에서도, 여름이면 멀리 바다의 일출을 방 안에서도 볼 수 있습니다. 하지만 이 가을은 해님이 산으로 올라가고 없는 계절이니 어찌하면 좋을꼬 하는 마음이었습니다. 산책길 앞산에서 해님이 붉은 얼굴을 내밀고 있습니다.

이렇듯 가을은 사람들도 정겹습니다. 가을 풍경 앞에 서면 모르는 사람도 얘기가 하고 싶어집니다. 가을 하늘처럼 맑고 고운 사람들과 가을바람처럼 단내나는 사람들 그리고 우리 집을 찾아주신 분들과 오늘도 많은 얘기들을 나눌 것입니다. 가을 햇살처럼 반짝이는 마음으로 이 섬을 찾아와 맑은 가을 하늘을 마음 가득 담고 가길 바라는 마음입니다.

올가을도 우리 집에 오는 손님들을 위해 텃밭에는 많은 채소가 저마다의 싹을 틔우는 중입니다. 금오도 별밤지기는 올가을도 이렇게 고운 가을 하나를 맞고 보내는 중입니다.

곽경자

금오도 일지 5
_겨울바람이 전하는 말

엊그제부터 계속 찬 바람이 불기 시작하더니 이젠 완연하게 한겨울 속으로 들어왔습니다. 이 섬은 사시사철 바람이 붑니다. 봄에는 새싹이 늑장을 부릴까 봐 이른 아침부터 사부작거리면서 깨우고 다닙니다.

여름이 되면 찌는듯한 더위를 식혀 주기 위해 초목이 우거진 산등성에서부터 녹색 바람을 몰고 옵니다. 그 바람이 오는 방향만 봐도 시원해집니다.

가을이면 땀 흘려 지어놓은 농민들을 위해 곡식이 영글어가는 들판을 헤집으면서 안간힘을 쓰며 최선을 다합니다. 그러다 너무 지나치면 태풍이 되기도 하지요. 그럴 때 바람은 아차! 후회도 하지만 무엇이든 과하면 안 된다는 교훈을 얻기도 합니다. 하지만 겨울에는 아무 의미 없이 날마다 바람은 쿵쾅거립니다.

겨울바람이 부는 날은 살을 에일 듯이 춥기만 한데 왜 그렇게 날마다 부지런히 움직이는지 모르겠습니다. 바람에게 물어보면 분명 겨울바람도 나름대로 이유가 있을 것입니다. 사람들에게 어깨를 움츠리고 다니게끔 심술을 부리는 것은 아닙니다. 활엽수들의 벗은 몸이 안쓰러웠다면 그렇게 찬바람을 몰고 오진 않았을 것입니다. 아마 사철나무의 거만함을 차갑게 흔들어 주고 싶어서일 수도 있습니다.

오늘 아침은 일어나 뜰 앞에 서 보니 어제까지만 해도 하얗게 피어 있던 샤스타데이지꽃이 하루 만에 커피색으로 변했습니다. 분명 밤새 찬바람이 못살게 굴었을 것입니다. 겨울에 활짝 핀 수선화 두 봉오리에 지지대를 세운 후로 날마다 환하게 웃고 있던 수선화도 고개를 푹 떨구고 있습니다. 분홍과 하얀 목 마가렛 꽃도 모두 거무튀튀하게 변했습니다.

한파가 한바탕 쓸고 간 뜰에는 모두 생기를 잃고 있습니다. 휑한 뜰을 바라보니 겨울바람이 미워지려 합니다. 찬 바람만 불지 않았다면 샤스타데이지도 목 마가렛도 12월의 장미도 조금은 더 볼 수 있었을 텐데 겨울바람이 문제입니다. 하지만 겨울바람의 속내를 알고 보면 꽃들에게 할 말이 있어서일 것입니다. 굳이 그렇게 애쓰며 이 겨울에도 꽃망울을 올리고 있는 저 꽃들이 안쓰러워 이제 그만 내려놓고 겨울만이라도 고요하게 쉬어보라고 귓속말을 해주는 것일 수도 있을 것입니다. 다람쥐처럼 도토리 모아놓고 겨울잠을 자는 동물도 있지만, 제때 피고 나면 겨울잠을 자는 꽃도 많습니다.

그렇게 제 할 일을 하고 나면 쉴 줄도 알아야 한다고, 겨울까지 애써 꽃대를 올리는 꽃들에게 휴식을 주기 위함이라고 바람은 그렇게 말했을 것입니다. 아무리 겨울바람이 불어도 햇살 고운 마루에 앉으면 따뜻하게 내려앉은 햇살이 마음을 녹여 줍니다. 겨울에도 양지에 앉으면 따뜻하기만 한 겨울 햇살처럼 우리도 누군가의 마음을 따뜻하게 품어 본 적은 있었는지 모르겠습니다. 겨울바람도 그렇게 따뜻한 마음이 있다는 것을 나는 알고 있습니다. 하루도 쉬지 않고 자기 할 일을 다 하는 것을 보면 알 수 있습니다. 그래야 또 봄이 되면 따뜻한 바람으로 만물을 깨우고 다닐 힘을 키울 수 있을 것입니다.

겨울 한낮의 바람은 나에게 속삭입니다. 찬 바람은 불어도 겨울 햇볕은 그렇게 따뜻한 것이라고, 그렇게 느끼는 것은 우리의 마음이 따뜻해서일 것이라고 합니다.

오늘도 나는 양지바른 마루에 앉아 겨울바람과 긴 얘기를 나누며 이 겨울을 맞고 있습니다.

2024년 12월 27일

숭어 떼 뛰어오르듯

 왠지 발걸음이 빨라져야 할 것 같은 기분입니다. 요즈음은 대학생들의 방학이라 해양 공원은 밤이 되면 젊은이들의 축제장으로 변했습니다. 주말이면 여기저기서 버스킹이 열리는 공원에는 관광객의 가족과 연인, 친구들이 행복한 모습으로 모여듭니다. 연인과 친구들은 서로 손을 잡고 공원을 활보하고 있습니다. 그들을 보면 어쩌면 저렇게도 곱고 예쁜지 젊음이 곧 아름다움이란 것을 알 수 있습니다. 저렇듯 활기찬 모습들을 보면 그 옛날 우리도 저러했을까 하는 생각을 하면, 세월을 거꾸로 돌려놓은 것 같은 마음이 듭니다.
 저들을 보면 꼭 내 고향 금오도 앞바다에서 봄이 되면 튀어 오르는 숭어 떼 같다는 생각이 듭니다. 바닷물을 밀쳐내고 뛰어오르는 숭어 떼는 저 깊은 바닷속에서 세상 밖이 무척 궁금했나 봅니다. 몇 초의 시간으로 육지의 세상을 보기 위해 저렇듯 힘차게 뛰어오르니까요.

팔딱거리며 걸어 다니는 저들이 꼭 숭어 떼와 같습니다. 세상맛을 보기 위해 뛰어오르는 것처럼 저 젊은이들도 그렇게 세상 밖으로 뛰어오르는 연습 중입니다. 얼마나 많은 것을 가슴에 담아야 할까. 저렇게 팔딱거리는 젊음이 있는데 무엇이 두려우랴 싶습니다. 많이 배우고, 많이 놀고, 많이 먹고 그렇게 건강한 삶을 살았으면 하는 마음이 듭니다. 힘찬 숭어 떼처럼 세상 밖으로 뛰어올랐으면 좋겠습니다.

나는 그들과 어깨를 나란히 하면서, 그들이 모인 버스킹 공연장에서 한 자리 잡고 앉아 그들을 따라 발장단을 맞추면서 즐기고 있습니다. 오늘 밤도 해양 공원은 젊음의 광장입니다. 숨차게 세상 밖으로 나오려는 숭어 떼가 거기 있습니다.

내일이면 나는 또 북적거리는 이곳을 뒤로하고 적막이 흐르는 금오도로 가야 합니다. 나는 가끔 사람이 그리울 때는 이곳으로 오곤 합니다. 이곳에서는 집 밖에만 나가면 많은 사람을 만날 수 있어서 좋습니다. 아침 산책을 하고 시장을 갔을 때도 사람들은 모두 바쁘게 걷습니다. 모두 그렇게 열심히 살고 있다는 것을 체험할 수 있어서 더 좋습니다. 이곳에 있으면 뭔가 더 부지런해져야 할 것 같은 생각이 듭니다. 나도 이곳에서 저들처럼 그렇게 열심히 살아냈습니다. 하늘 한번 쳐다볼 시간도 없이 사람들의 옷차림으로 계절을 느끼면서 살아왔습니다. 문득문득 가을을 느낄 때면 내 고향 금오도가 먼저 떠오릅니다. 대부산 아래 있는 너덜겅 밭에는 산 열매가 익어 가고 있겠구나, 그 많은 산 열매는 누가 다 따 먹을까 궁금합니다. 서리 내려 따 먹었던 꾸지 박달의 맛은 입에 침을 고이게 만들곤 했습니다.

  그렇게 살아낸 이곳에서의 생활이 지금은 아주 먼 얘기처럼 느껴집니다. 지척에 두고도 계절마다 그리워했던 그 고향에 지금 내가 살고 있습니다. 그런데 가을이 와도 그 산 열매를 한 번도 따 먹으러 가지 못했습니다. 산 너머 그곳에 가지 않아도 가을을 느끼면서 살고 있습니다. 이제는 대부산 아래 있던 그 너덜겅 밭에 가지 않아도, 우리 밭에 심어놓은 꾸지 박달나무가 해가 다르게 크고 있습니다. 서리 내리면 따 먹으려고 아끼고 있는 줄을 새들은 어찌 저리도 잘 아는지 아직 설익은 열매를 먼저 맛봅니다. 매일 새들과 다툽니다. 보다 못한 남편은 그물로 나무를 감싸고 말았습니다. 새들과의 다툼은 끝이 났지만 언제 서리가 내리나, 한참은 더 기다려야 할 것입니다.

  여기에 있으면 키를 세우는 잡초를 보지 않아서 우선은 마음이 편안하고 많은 사람을 볼 수 있어서 좋습니다. 그래도 그 섬에 가면 나의 작은 정원에 있는 친구들이 나를 기다리며 목말라 하고 있습니다. 내 손길을 기다리는 친구들입니다. 날마다 하루도 같은 날이 없는 그 섬. 그 섬이 아니면 볼 수 없고 느낄 수 없는 자연이 거기 있습니다.

  봄 여름 가을 겨울을 몸으로 느끼기 전에 그곳 봄의 화려함과 가을의 맑은 하늘을 먼저 봅니다. 날마다 다르게 변하는 하루하루를 보내며 계절이 오는 소리를 듣기도 합니다. 눈으로 보고 귀로 듣고 그렇게 계절을 맞고 보내는 중입니다. 우리도 한때는 숭어 떼처럼 세상을 향해 뛰어올랐을 때가 있었을 것입니다. 해양 공원에서 팔딱거리는 젊은이들처럼 그렇게 말입니다. 하지만 지금은 그 팔딱거림보다 가을이면 가만히 흔들리는 억새꽃 같은 고요함이 더 좋습니다.

이제는 그 고요함 속으로 들어가려 합니다. 조금 있으면 억새꽃이 만발한 가을이 올 것입니다. 나는 또 올가을을 위해 나의 작은 정원에 가을꽃을 심을 것입니다. 향이 짙은 들국화처럼 그렇게 가을을 맞이하려 합니다. 올가을도 분명 금오도의 가을은 구름 한 점 없는 파란 하늘이 많을 것입니다.

내년 봄이 되면 금오도 앞바다에는 분명 팔딱거리며 숭어 떼가 또 뛰어오를 것입니다.

엄마라는 이름으로

　엄마라는 이름으로 살아온 지도 얼마의 세월이 흘렀는지 가늠이 가질 않는다. 그만큼 세월이 많이 흘렀다는 말이다. 내 엄마의 사랑에서 벗어나 내가 엄마로 살아온 세월이 더 긴 세월인 것을 보면 나도 엄마처럼 그렇게 살아왔는지 뒤돌아보게 된다.
　사람들의 마음 밑바닥에서부터 가슴 뭉클한 이름, 그 이름이 엄마라는 이름일 것이다. 내 나이 스물일곱에 엄마가 되었다. 첫째가 쌍둥이 아들이다. 우리가 쌍둥이 엄마 아빠가 될 것이라고는 생각도 못 했지만 한꺼번에 두 아들을 얻은 마음은 아마 쌍둥이 부모만이 알 수 있을 것이다. 세상이 다 우리 것 인양 우리만 엄마 아빠가 된 듯싶었다. 나는 엄마라는 이름표를 달 때부터 우리 엄마의 말처럼 새끼 탐이 많은 엄마였다. 우리는 우리 아이들을 잘 키워야 한다는 마음 하나뿐이었다. 아무리 힘들 때가 있어도 행복하기만 했다. 아이들이 커가는 모습이 우리 삶의 전부인 것처럼 그렇게 아이들만 바라보며 살았다.

곽경자

그러다 쌍둥이가 세 살 적에 막내딸이 태어났다. 우리는 가난했지만 세상에 부러운 것이 없었다. 이 아이들을 키우면서 너무나 많은 행복을 누렸기에 밥 안 먹어도 배부르단 말이 딱 맞는 말이었다. 아이들을 키우는 순간순간이 다 행복이었다. 그 아이들이 뒤집기 하고 옹알이할 때, 걸음마 하려고 발을 떼며 처음 엄마 아빠 했을 때의 그 벅찬 순간들은 지금도 꿈결 같다, 아이들 유치원 갈 때, 초등학교 입학할 때, 책가방 끌릴 정도로 작은 아이들이 중학교 들어갈 때, 입시 공부와 씨름할 때 우리는 얼마나 많은 행복을 누리면서 살아왔는지 모른다.

지금도 그 추억을 한 장씩 꺼내 보면서 입가에 미소가 번지는 것을 보면 그때가 얼마나 아름다운 시간이었는지 알 수 있다. 딸아이 초등학교 입학할 때 조그마한 아이의 머리가 얼마나 길었던지 길게 땋은 머리가 허리 밑까지 내려왔다. 의상실을 하던 내가 옷을 얼마나 예쁘게 입혔는지 사람들의 눈에 띄었던 모양이다. 등 뒤에서 엄마들의 하는 말이 내 귀에까지 들렸다. 저 아이의 엄마가 누구냐며 수군거릴 정도로 예쁘기만 하던 우리 딸이다,

쌍둥이 두 아들은 어디에서도 인기가 좋았다. 초등학교 때는 우리 쌍둥이 모르면 간첩이란 말까지 들을 정도였다. 우리는 이 애들이 있어서 어깨 힘을 주면서 살아왔다.

지금 우리 부부에게는 손주가 다섯 명이나 있다. 모두가 우리에게 안겨준 소중한 선물이다. 착하고 예쁜 두 며느리와, 아들보다 편하다는 말을 들을 만큼 싹싹하고 착한 사위가 우리에게 덩굴째 굴러온 보물들이다.

우리 부부는 세상에서 제일가는 부자가 되었다. 그렇게 자란 아이들이 지금은 어엿한 한 집의 가장으로, 한 가정의 주부로 살아간다. 우리가 살아왔던 순간순간 행복들을 우리 아이들도 느끼며 살아가고 있는 것을 보면 또 하나의 행복으로 다가온다. 우리의 인생이, 여기까지 오면서 많은 행복을 안겨준 엄마라는 이름 덕분에 지금도 이렇게 행복하게 살아가고 있다.

지금도 제일 반가운 말은 '엄마'하고 부르는 소리다. 세상 어디서든 그 누구든 엄마라는 단어만 들어도 가슴이 뭉클하다. 나도 지금 우리 엄마를 생각하면 가슴 깊은 곳에서 그리움이 밀려온다. 그렇게 아름다운 단어, 엄마로 살아낸 내가 이 세상에서 제일 잘한 일 하나는 했다고 생각해본다. 엄마라는 단어 앞에서 장성한 남자들도 꺼이꺼이 울게 만들고, 엄마라는 단어만 들어도 눈물짓는 사람들을 보면, 이 세상에서 엄마라는 단어만큼 위대한 단어는 없지 않을까 싶다. 우리 여자들만이 가질 수 있는 특권이기도 한 엄마, 나도 그중 한 사람인 우리 아이들의 엄마다. 내가 인생을 살아내는 과정에서 제일 잘한 것은 '엄마'라는 이름을 얻은 일이다.

오늘도 저쪽에서 "엄마 어딨어? 빨리 산책하러 가야지"라고 딸이 부른다. 우리는 주말이면 함께 산책한다.

"엄마 사랑하는 우리 엄마"

전화기 너머에서 들려오는 우리 쌍둥이 아들의 술 취한 목소리, 술 한잔하고 나면 나오는 쌍둥이의 합창이다. "너희 둘, 또 술 한잔했구나"라는 내 목소리에 호탕하게 웃는 아이들의 목소리를 들으면 나도 덩달아 술 한잔한 기분이다.

"엄마! 세상에서 제일 좋은 것이 뭔지 알아요? 자랑할 사람이 있다는 것이 제일 좋소"

둘이서 술 한잔하면서 너스레를 떠는 말이지만 맞는 말이다.

전생에 몇 억겁의 덕을 쌓아야 쌍둥이로 태어난다는 말이 있듯이 인생의 제일 친한 친구이자 형제이다. 우리 며느리들이 아들과 처음 사귈 때, 우리는 이 세상에서 제일 사랑하는 사람 첫 번이 쌍둥이 형이고 동생이라고 했단다. 부모도 아니고 배우자가 첫 번째라고 대답했다는 우리 착한 며느리들 덕분에 형제간의 우애가 지금도 변함이 없다.

지금 생각해도 나는 엄마라는 이름을 가진 것이, 엄마로 살아온 세월이 내 인생에서 최고로 잘한 일이라고 생각한다.

"엄마!"

딸아이가 또 나를 부른다.

임병식

쟁기
굴뚝 연기
정적(靜寂)과 파적(破寂)
모래톱 풍경

1989《한국수필》등단. 한국문인협회 회원.
한국수필가 협회 이사.
한국수필작가회· 동부수필· 여수수필 고문
문인협회여수지부장 및 한국수필작가회 회장 역임

저서

수필집:「지난 세월 한 허리를」「방패연」「빈들의 향기, 백비」
「아내의 저금통」
선 집:「왕거미 집을 보면서」「오직 수필 하나 붙들고」
수필작법서 :「수필쓰기 핵심」
테마수필집:「수석이야기」
80년대 작가 6인 수필집「여섯 빛깔 숲으로의 초대」

전남문학상. 한국수필문학상 . 한국문협작가상 수상
중학교 국어교과서(2-1)에 작품〈문을 밀까, 두드릴까〉수록
수필작법서: 수필쓰기 핵심(대학교재 채택)

쟁기

아침 등산길에서 옛날처럼 소를 몰아 쟁기질하는 광경을 목격했다. 일을 일찍 시작했는지 그새 마른 논 두 이랑을 갈아엎고 세 번째 이랑에 접어들고 있었다. 곁에서 바라보니 쌓인 두둑이 정연한데, 물기가 축축하다.

"이랴, 이랴"

소가 힘이 넘치는데 농부는 연이어 다그친다. 그러니 부리망을 쓴 소는 목을 길게 빼고서 눈을 크게 한번 희번덕이더니 '이래도 내가 더딘 거야' 하는 듯 잰걸음을 옮긴다.
그러자 몸에 매달린 쟁기의 배댓끈이 더욱 팽팽해지면서 속도가 빨라지며 상쾌한 마찰음을 낸다. 그때마다 보습 날에 떠 담긴 흙이 볏을 통해 물구나무서듯이 위로 치솟았다가 고꾸라져 뒤집힌다. 그런 쟁깃밥이 아주 볼만하다. 이 정도의 솜씨라면 소도 농부도 상머슴이지 싶다. 옛사람들은 머슴이 갖추어야 할 덕목으로 쟁기질과 이엉 얹기, 멍석 만들기를 꼽았다. 물론, 힘이 바탕이 돼야 하므로 더러 들돌 들어 올리기로 체력 측정도 했지만, 힘센 것만이 능사는 아니었다. 오히려 그보다는 일의 선후를 가릴 줄 아는지, 천기와 지기를 살필 줄 아는지 등의 능력이 중시되었다.

농촌에 살면서도 몸이 약해 일을 못 하시는 아버지는 내가 장차 집안 농사를 내가 맡아 짓기를 바라셨다. 당신 슬하에 아들 셋이 있었으나, 장남은 장사합네 하고 외지로 나돌고 막내는 어린데다 머리가 좋아 농촌에 썩히기는 아깝고, 그러니 성격 무던한 나를 지목하신 것이다. 아무튼 형편이 그리되어 나는 어려서부터 재벌 2세가 부모 사업을 이어받기 위해 경영수업을 쌓듯, 일을 배워 나갔다. 초등학교 저학년 때는 망태를 메고 산에 올라 솔방울을 줍거나, 마른나무 등걸을 주어 날랐으며, 고학년이 돼서는 소에게 먹일 꼴을 한 망태씩 해 나르기 시작했다. 좀 더 커서는 일요일이나 방학 때가 되면 머슴과 똑같이 들일을 하였다.

그런데, 워낙에 태생이 굼뜬데다 왼손잡이인 나는 집에 있는 낫들이 하나같이 손에 익지를 않아 손가락을 베는 일이 한두 번이 아니었고, 지게 또한 등에 붙지 않아 힘은 있는데도, 남들처럼 많이 져 나르지를 못했다. 그런 중에도 견습은 계속되었다. 그 대표적인 게 쟁기질이다. 같이 일은 자고로 시어미가 주권 넘기기 꺼리듯 젊은이에게 전수는 금기인데, 나는 아버지의 기대와 관심으로 하여 일찍이 실습을 할 수 있었다. 한데, 이게 보통 어려운 일이 아니었다.

우선 부리는 사람이 시원찮아 그런지 소가 잘 말을 듣지 않았다. 마치 서툰 기수를 말이 거부하듯 손잡이를 바투 잡았는데도 바르게 가지를 않고 물 주릿대를 벗어나 버리거나, 뒷발질해대며 심하게 반항하였다. 그래서 누군가가 옆에서 코뚜레를 잡아 주어야만 했다. 그뿐만 아니라, 보습 날을 조금만 숙여도 여지없이 땅에 박혀 버리고, 반대로 이번에는 조금 치켜들면 썰매처럼 땅바닥을 스르르 스치고 내달아 버리는 것이었다. 거기다가 쟁기에만 신경을 쓰는가, 눈은 항상 전방 10미터 정도를 주시하고서 장애물이 있는지, 간격은 맞는지, 어디 만치서 끝나는지 등을 살펴야 한다. 그러면서 갈리는 소리도 소홀히 들어 넘길 수가 없다. 암석에라도 부딪치면 큰일이기 때문이다. 그러나 조정만 잘 되면 쟁기질만큼 재미있는 일도 없었다. 일에 몰두하다 보면 시간은 어느새 훌쩍 지나가고, 갈아엎은 작업량이 하루의 성과를 그대로 보여주어서 뿌듯했다.

쟁기의 명칭은 무기를 뜻하는 '잠개'가 변한 말이라고 한다. 차차로 변하여 잠기로 불리다가 장기라 했고 그것이 자금의 쟁기로 불리게 되었다는 것이다. 쟁기의 부분별 명칭은 재미있는 게 많다. 즉 손잡이는 자부 지라하고 멍에를 팽팽하게 당겨주는 줄은 봇줄이라고 한다. 그리고 손잡이 밑에 조금 불거져 나온 것은 잡좆이라고 하는데 이것은 방향을 바꾸기 위해 들어 올릴 때 사용한다.

쟁기질은 마른 땅 일도 묘미가 있지만, 무논에서의 쟁기질은 한층 유별난 맛이 있다. 소가 앞정강이로 힘차게 물을 차면서 앞으로 나아갈 때 속살 뒤집어 놓은 그 지반 위를 밟고 지나가는 기분은 개척자의 기분이다. 뒤이어 폭포수 쏟아지듯 그 속으로 밀려드는 물의 동요, 그것은 하나의 활력이었다. 나는 그렇게 수많은 실수를 하면서 쟁기질을 익혔다. 그동안 조작 미숙으로 장애물에 받혀서 파손한 보습만도 두어 개가 된다. 그러나 아버지는 한 번도 꾸중을 안 하셨다. 이유는 아마도 힘든 농사일을 거역하지 않고 따라 배우려는 태도를 가상히 여긴 점도 있겠고, 다른 한편으로는 그러한 나의 부조로 인해 걸핏하면 꾀를 부려 골탕을 먹이는 머슴에 대하여 견제하는 성과를 거둔 때문일 수도 있다.

  머슴은 그렇게 애를 먹이고 속을 썩였는데. 아버지는 머슴이 파장 내는 날이면 보란 듯이 그만큼의 밀린 일을 해 놓도록 하여 그를 무안하게 만들어 놓곤 했다. 당시 집에서는 두 마리의 소를 기르고 있었다. 그런데 어느 날, 그중 한 마리의 소가 고삐를 풀고 나와 멍석에 펼쳐 놓은 보리를 훔쳐 먹고 고창증에 걸려 죽은 일이 발생하였다. 그런데, 면사무소에서는 소를 부검도 하지 않고 무조건 땅에 매장하라고 했다. 병명을 알 수 없으니 잡아먹어서는 안 된다는 바람에 집에서는 한 푼의 돈도 건지질 못하고 말았다. 그런데다 나머지 한 마리 소마저도 얼마 있다가 아버지가 입원하시는 바람에 병원비 충당으로 팔아 없애고 말았다. 그 아픈 사연을 안고 있는 그 시절 사용하던 쟁기가 지금도 시골집 허청 담벼락에 수십 년째 댕그라니 매달려있다. 그리고 한편, 그토록 농부가 되어 고향 땅을 지켜주길 바라던 나도 그 후 집을 박차고 도회로 나와 버려 무용지물이 되어 버렸다.

그런데, 가끔은 쟁기질을 해보고 싶을 때가 있다. 마음이 우울하고 가슴이 답답할 때 생각이 나는데, 그렇게 소를 몰고 나가 한바탕 쟁기질을 하노라면 왠지 가슴이 탁 트이고 거뜬해질 것만 같기 때문이다. 그러나 나는 농부도 아니 되었고, 다른 일에 성공도 하지 못했다. 아버지는 지하에서 일을 조련시킨 자식이 당신의 소원대로 농사꾼이 되신 것으로 알고 계실까. 이 불효 막급하기 짝이 없는 자식은 당신이 물러주신 논마저도 이런저런 이유로 없애고 말았으니 얼굴을 들 면목조차 없다. 등산길에서 논갈이하는 소를 보고 한식경이나 눈을 떼지 못한 건 혹여 당신이 물려주신 전답을 지키지 못한 불효의 가책 때문은 아니었는지…… (2001)

굴뚝 연기

 사람의 감정 상태는 보여주는 몸짓, 표정만이 그대로 드러나는 건 아니다. 다른 형상과 상태로도 충분히 보여준다. 물론 그것은 그 행위를 하는 사람에 의해서 작용하는 것이지만, 그리고 그것은 어디까지나 자연 상태의 현상일 뿐이지만 목격하는 사람은 충분히 그 감정 상태를 읽어낼 수 있다.
 무엇을 두고 하는 말이냐 하면 굴뚝에서 피어오르는 연기를 두고 하는 말이다. 그것은 밥을 짓는 연기일 수도 있고, 허드레로 때는 군불의 연기일 수도 있다. 어렸을 적에 나는 굴뚝에서 변화하며 피어오르는 연기를 많이 보고 자랐다.
 농촌이라 기름보일러는 언감생심이고 연탄도 피울 수 없던 시절에 연료라고는 푸나무 말린 것이나 생솔가지, 볏짚이 전부였다. 그런 것으로 불을 지펴 밥을 짓고 온돌을 데웠다.
 그런 광경은 일상으로 이루어졌다. 이른 아침이나 해 질 녘이면 그런 불길이 초가지붕 옆에 기대선 굴뚝에서 하늘하늘 피어올랐다. 그것은 때로 지붕 위로 뻗어 오른 박 덩굴이 하얗게 꽃을 피워 박 덩이를 매달고 있을 때처럼 정겨움을 연출했다.

5, 60년대, 옹기종기 모인 시골은 굴뚝에서 피어오르는 냇내로 코끝이 맵기는 했어도 싫지 않았다. 그렇지만 어느 집에서 청솔가지라도 지필 때는 매캐한 연기가 온 동네를 뒤덮어서 시야가 흐려지고 호흡이 곤란해질 때도 있었다.

여기서 잠깐. 우리 고유의 아궁이와 굴뚝 문화를 더듬어 본다. 문헌에 보면 이것은 온돌문화와 관계가 있는데 역사는 기원전 4세기까지 거슬러 오른다. 고조선의 옥저 시대부터 아궁이를 짓고 구들을 놓았으며 굴뚝을 세웠다고 한다. 놀라운 일이다.

우리의 굴뚝은 5, 60년대만 해도 대부분 가정집이 소박 단순했다. 미적인 것과는 거리가 멀어 단지 불길이 다른 곳으로 옮겨 붙지 않고 연돌에서 잘 빠져나가는 것으로 만족했다. 그렇다 보니 모양은 토방 쪽에 봉긋하게 흙더미를 쌓아 콧구멍처럼 빠끔히 뚫어 그 위에 삿갓을 걸쳐놓거나, 아니면 널빤지를 대충 이어붙이고 함석을 말아 세우는 정도가 고작이었다.

이러한 광경이 조선말 한국을 방문한 어느 영국인의 눈에는 무척 신기하게 보였던 모양이다. 그는 고국에 돌아가서 다음과 같은 기록을 남기는데 '코리아의 집들은 굴뚝이 신비하여 방에 불은 침상 밑에다 불을 피우고 굴뚝은 땅에다 구멍을 뚫었더라.' 했다.

아무튼 그런 역사 때문일까. 그러한 온돌문화 속에서 살아온 사람들은 일찍부터 굴뚝에서 피어오르는 연기를 보고도 사람의 감정들을 읽어냈다. 피어오르는 연기는 색깔 자체도 다른데 그것을 보고 이심전심 마음을 읽었다.

나는 그러한 감정변화를 어머니를 통해서 직접 목격한 적이 있었다. 눈물 나도록 서러운 날은 복받치는 슬픔, 정한의 심회를 일부러 생솔가지를 피워서 매캐한 냄새로 가리셨던 것이다.

손등으로 쓱 훔치는 눈물은 실인즉슨 매캐한 냇내로 인한 것이 아니고 참을 수 없는 당신의 서러운 눈물이었다. 어려서는 그것을 몰랐지만 내가 사춘기를 지나면서 눈치 채게 되었다.

아닌 게 아니라 우리 집은 생때같은 누나가 죽은데 이어 병석에 계시던 아버지마저 돌아가셔서 어머니의 짐이 너무 무거웠다. 나와 동생은 아직 어렸고 힘이 되어 드리지 못한 때였다.

그러던 때 나는 어머니의 마음을 아프게 해드린 적이 있었다. 학교 주관으로 졸업생 대상 서울 박람회를 가는 계획이 섰는데 가정 형편으로는 엄두가 나지 않는 일이지만 꼭 가보고 싶었다. 무엇보다도 한마을에 사는 친구 두 명은 이미 신청해놓고 있어서 무척 부러웠다.

무리라는 것을 알면서도 어머니를 졸랐다. 돌아온 대답이 단칼이었다.

"소갈머리 없는 놈아, 니 아버지 병원비도 못 대는데, 가긴 어딜 간다고 그러냐?"

그 말을 듣고 반항을 하고 말았다.

등교 뭐고 작파할 작정으로 방문을 걸어 잠갔다. 그러고 있다가 다시 뛰어나와서 소리 소문 없이 마을 뒤 대밭으로 숨어들어 버렸다. 애간장을 녹게 만들겠다는 심사였다.

막말하듯 나무라는 것이 너무 서러웠다. 그럴 때는 좀 좋은 말을 할 수도 있지 않은가. 생각해 보아라. 우리 형편이 어디 그리되느냐. 못 보내주어서 미안하다. 그러면 될 것이 아닌가.

대밭에서 이런저런 생각을 하면서 버티고 있었다. 눈에서는 하염없이 서러운 눈물이 흘러내렸다. 그때였다. 마침내 해가 지고, 들일을 나간 사람들도 집으로 돌아오는 시각,

"병일아- 병일아"

하고 어머니와 누나가 번갈아 부르는 소리가 들려왔다. 처음에는 못 들은 척하며 꿈쩍하지 않았다. 오히려 그럴수록 부아를 내어 '애를 좀 태워보시지'하고 고집을 부렸다. 그런데, 웬일인가. 우리 집을 내려다보니 갑자기 굴뚝에서 시커먼 검은 연기가 피어오르고 있었다.

그 연기의 의미를 알기에 마음이 무너졌다. 저것은 어머니가 눈물 날 때 하시는 행동이 아닌가.

나는 바로 농성을 풀고 집으로 돌아왔다. 그때 보니 어머니는 늘 하시는 대로 부엌에서 무릎 세우고 생솔가지를 지피고 계셨다.

"엄니 미안해. 다시는 안 그럴게"

뒤로 돌아서서 어머니의 어깨를 감쌌다. 슬쩍 어머니의 눈을 보니 많이 충혈되어있었다. 내가 그렇게까지 한 것은 부당한 학교의 처사도 있었다. 담임선생님의 수학여행 가지 않는 학생은 계속 학교에 나와서 운동장 잡초 뽑아야 한다고 억장이 무너지는 말을 해서였다.

그런 일로 하여 나는 굴뚝의 검은 연기를 잊지 못한다. 생각하

임병식

면 내 어린 날의 가장 가슴을 아프게 하는 서러운 추억의 단상이다. (2002)

정적(靜寂)과 파적(破寂)

　한여름 점심을 먹고 나면 식구가 단출한 실내는 정적이 이어진다. 저 혼자 흥에 겨워 떠드는 텔레비전도 병중의 아내가 잠이 들면 마저 꺼두기 때문이다. 그러나 방금까지 울리던 여음은 이내 잦아들지 않고, 양푼에 담긴 물이 한동안 반복하여 출렁이다가 비로소 멈춰 서듯이 그 소리는 차차로 시간이 지나고야 소멸한다. 이때는 이전보다 더욱 묵직한 침묵이 자리를 잡는다.
　그러면 이때를 맞추어 나는 버릇처럼 의자에 몸을 부리고 눈을 사려 감는다. 일부러 잠을 청하는 게 아니라 그 순간의 고요와 안정을 즐기는 것이다. 아침부터 온 신경이 아내에게로 쏠려 있던 터라 늘 긴장을 놓을 수 없는데 짬을 내어 풀어보려는 심사이다.
　거실에서 시간을 보내는 아내와의 거리는 4~5m 정도. 눈을 감고 있어도 신경은 온통 그쪽으로 모인다. 그 때문에 아내가 몸을 뒤척이는 것이며 손을 번갈아 바꾸는 것까지 그대로 감지할 수 있다. 나는 그렇게 신경을 쓰면서도 한편으로는 또 애써 외면을

임병식

한다.

눈을 감으면 조금 전의 분위기와는 딴판의 세상이 된다. 가시적인 세계는 정지되고 상상의 세계가 펼쳐지는 까닭이다. 나는 이때 가장 적막했던 때가 언제였던가를 생각해 본다. 그러면서 어느 절을 찾아갔을 때 미풍도 없는 정온(靜穩)에서 굴뚝 연기가 곧바로 오르는데 대웅전 처마에 매달린 풍경이 가끔 뎅그렁거리던 것을 떠올린다.

그런가 하면 언젠가 본 울타리 끝 거미줄에 매달린 낙엽 하나가 한동안 같은 방향으로 연신 빙빙 돌다가 마치 바닷물이 정조상태(停潮狀態)에서 순식간에 방향을 바꾸어 다시 움직일 때처럼 그리 변화하던 때를 생각한다.

그런 순간만은 그야말로 미동 없는 정적상태가 된다. 그러다가 한순간에 파적(破寂)을 감지한다. 실제가 아닌 상상으로 너른 파초 잎에 매달린 물방울이 둔중하게 떨어지며 소리를 내는 때처럼 극적인 변화를 상상한다.

그러다가 이윽고 정신을 번쩍 떠올려지는 게 있다. 그것은 바로 한 폭의 그림 파적도(破寂圖) 다르게는 야묘도추(野猫盜雛)라 일컬어지는 긍재(兢齋) 김득신(金得臣 1754~1822)의 그림이다. 이 그림은 실로 절묘하다. 들여다볼수록 재미있고 흥미진진하다.

그림 속의 어미 닭은 병아리를 이끌며 양광(陽光)을 즐긴다. 그런 가운데서 탕건을 쓴 중늙은이는 마루에서 몸 옆에 장죽을 놓아두고 돗자리 짜기에 빠져 있다. 그런데 이때 별안간 어미 닭이 놀라 '꼬꼬댁'을 외치며 날개를 펼치고서 숨넘어가는 소리를 낸다.

주인이 반사적으로 소리 나는 쪽으로 고개를 돌리다가 순간 당황한다.

눈앞에 화급을 다투는 상황이 벌어지고 있기 때문이다. 검은 고양이 한 마리가 애써 키운 병아리를 물고 내빼는 모습이 목격된 것이다. 순간. 이런 불한당이 있는가. 목에 핏줄이 선 그가 보고만 있을 수 있는가. 순간 몸을 틀어서 장죽을 내저으며 "데끼놈!"하고 외친다. 그 어름에 돗자리 틀은 마당으로 내팽개쳐지고 그도 함께 몸이 마당으로 쓰러진다.

이때 심상치 않은 낌새를 느낀 안주인이 방안에서 득달같이 뛰어나온다. 그런 와중에 고양이는 꼬리를 치켜들고 달아나면서 한껏 여유를 보이며 돌아본다. 그 동작이 마치 '뭐 병아리 한 마리 실례한 것을 그러오. 너무 노여워 마오' 하는 눈치이다. 그야말로 순간 포착이 두드러진 작품으로 그림 속에서는 한바탕 우지끈하게 정적이 깨지는 전경이 묘사되어 있다.

긍재는 영·정조 시대를 산 사람이다. 그는 이 그림을 그려서 어느 임금에게 보여주었을까. 당시 도화서 화원들은 자유로이 궁 밖을 나갈 수 없는 임금님 어명을 받고 백성들의 모습을 그려 올렸다고 하는데 이 그림도 그런 경위로 탄생한 것은 아닐까. 모르긴 하지만 임금님이 보았다면 그림을 감상하며 파안대소를 했을 것 같다. 파적을 형상화한 것이 너무나 절묘해서다.

그런저런 생각을 하면서 실눈을 뜨고 잠이든 아내를 건네다 보니 여전히 숨길이 고르다. 정적은 계속 이어진다. 하지만 그것은 그리 오래 계속되지는 않을 것이다. 요즈음은 무시로 사람들이 문을 노크하면서 전도를 하거나, 유기농 달걀을 권유하거나 아니면 건조대 위에 때까치가 날아와 울어대기도 해서이다.

눈을 감고 등받이 의자에 기대앉아서 오늘은 무엇이 정적을 깨트릴지 엿을 본다. 모처럼 호사스럽게 누려보는 나만의 넉넉한 시간. 무료한 한때의 값진 오후다.

모래톱 풍경

때로 특별한 장소가 떠오르는 때가 있다. 마음이 다가가서 늘 머무는 곳이다. 그곳은 '시작'의 의미가 함축된 바닷가. 바로 만성리 해안으로 밀려온 밀물이 정점을 찍고 나서 썰물이 지면 모습을 드러내는 곳이다. 유독 고운 모래가 해안을 덮고 있어서 정경이 두드러진다.

가랑비는 연못 가운데서 잘 보이고 미풍은 나무 끝에서 드러나듯 모래벌판에 썰물이 지면 바닷물이 밀려난 자리에는 실금 같은 눈금이 선명해진다. 밀물이 잠시 머물다 썰물이 지면서 잠시 머뭇대다가 빠져나간 흔적이다.

나는 일상이 무료해지면 그 광경을 보기 위해 차를 몰고 만성리 바다를 향한다. 현지에 도착하면 물결이 살랑대는 모래톱으로 내려선다. 밀물이 잠시 머물다간 자리는 고즈넉한 평화가 깃들어 있어 마음을 편안하게 해준다. 격정으로 차오른 시름도 이때만은 눈 녹듯이 녹아서 말끔히 사라진다.

임병식

그런 광경 중에 백미는 밀물과 썰물이 정지 상태에 이르는 정조(停潮)의 순간이다. 이때는 숨이 멎을 듯한 긴장감이 느껴진다. 그런 광경은 달의 조화로 이루어진다. 밀물이 고점(高點)을 찍을 때나 저점(低點)을 찍을 때도 마찬가지다.

썰물은 그런 변화에 연동하여 움직인다. 하나, 그러한 순간은 아주 잠시 잠깐, 그야말로 단 몇 분에 지나지 않는다. 끊임없이 밀려오는 바닷물에 그 정지의 순간은 금방 흐트러지고 만다.

내가 짧은 그 순간을 즐기는 것은 무엇보다도 출발의 의미를 짚어보고 싶어서다. 멈추었던 물이 다시 바다를 향하는 때를 보고 있노라면 의욕이 일어난다. 나 자신도 새로이 출발점에 서보고 싶다는 다짐을 하게 된다.

그런 생각을 이미 최남선 선생도 했던 것일까. 그의 시 〈해에서 소년에게〉를 보면, '처……ㄹ썩, 처……ㄹ썩, 척, 쏴……아' 하고 의성어까지 동원하여 역동성을 보여준다. 하지만 물결이 밀려오고 밀려 나가는 것은 마냥 바닷물이 스스로 하는 건 아니다. 하나 그것을 자연과학에 의한 현상으로만 치부해 버리면 신비감이 있을까. 그런 현상을 두고 꼭 과학의 잣대를 들이댈 문제는 아니지 않는가 한다. 정서상으로나, 정신건강을 위해서도 그것은 바람직하지 않다. 신비의 세계는 신비의 영역으로 남겨놓을 필요가 있다.

바다는 신비의 투성이다. 그러면서 바다는 수많은 생명체를 품어 안고 있다. 모든 생명체는 바다에서 기원했다는 설(說)이 있다. 그래서인지 모든 생명체의 주기는 달의 운행 질서에 따르고 있다. 모든 생활의 패턴이 달에 맞춰져 있다. 그 근거와 흔적은 여성의 몸속에 각인되어 있다.

　꼭 달에 한 번씩 치르는 달거리는 정확히 달의 공전 주기와 맞닿아 있다. 그래서 불리는 말도 월경(月經)이다. 이런 바다는 또한 늘 출렁이며 움직이면서 균형을 잡는다. 그러다가 태풍이라도 불어오면 그 징후를 미리 해안에 알려준다.

　그것은 곧바로 모래톱에 새겨지고 모든 생명체는 그것을 해독하여 대비한다. 바닷가에서 살아가는 온갖 생명체는 그 신호에 따라 반응하며 움직인다. 이때는 이전과 전혀 다른 현상이 일어난다. 수초들은 살랑살랑 머리를 풀어 헤쳐 움직이고 짙은 해무가 걷히면서 바닷물은 허연 거품을 갈기를 세워 요동친다.

　그것을 보고 사람들은 미구에 닥칠 기미를 예상한다. 바닷물이 굽이치고 소용돌이를 일으키며 꿈틀대는 정도를 보고서 배를 뭍으로 끌어올리고 단단히 묶으며 어구를 갈무리한다.

　바다에는 섬과 암초와 여섬이 있다. 섬은 항시 노출되어 있지만 암초는 물에 잠겨있어 보이지 않는다. 그렇지만 여섬은 물이 많이 빠지거나 파도가 거세게 치면 물보라를 일으키며 그 모습을 나타낸다. 그래서 흔히 '흰여'라고 하기도 한다.

　내가 직장생활 초기에 배를 부린 적이 있다. 당시 조그만 소주정(小舟艇)이라는 물자 운반선을 몰았는데 늘 암초와 여섬이 걱정되었다. 배가 부딪치기라도 하면 파손이 되기 때문이다. 이밖에도 일기 변화에 민감하지 않을 수 없었다. 조금만 바람이 불어도 행여 사고가 날까 봐 전전긍긍했다. 하루는 신경을 썼는데도 배가 전복되는 사고를 당하고 말았다.

태풍이 몰려온다는 일기예보를 듣고 미리 방파제 안에다 정박시켰으나 거센 파도에 닻이 뽑혀 버렸다. 다행히 방파제 안이라서 파손은 면했지만 배가 침수되어 물을 빼내느라 곤욕을 치렀다. 아마도 마을 사람들의 적극적인 도움이 없었다면 큰 낭패를 당했을 거다.

그때 성난 파도의 노여움을 피부로 느꼈다. 또 한 번은 불의의 삼각파도를 만나 죽음과 맞닥뜨린 일도 있었다. 앞에서 큰 파도가 치는 가운데 또 다른 파도가 배 옆을 강타하여 눈앞이 캄캄해졌다. 그러나 엔진이 꺼지지 않도록 쉼 없이 물을 퍼내며 맞선 끝에 간신히 목숨을 건졌다.

보기에는 한없이 너른 품을 보여주는 바다도 성을 내면 무섭게 돌변했다. 사람들이 보기에는 바다를 터전으로 꾸려가는 생활이 낭만적으로 보이기도 할 것이다. 그러나 바닷가 사람이나 어로에 종사하는 사람들은 고기잡이배를 타고 나간 가족 걱정에 애를 태우며 산다.

평화로움 속에 감춰진 말 못 할 고통이라고 할까. 바닷가 사람들은 섬들이 풍향계이다. 그중에서도 여는 지표가 된다. 물이 빠지면 섬이 되고 바닷물이 차오르면 암초가 되는 바윗덩어리. 이것을 보고서 그곳에 심한 물보라가 일어나면 일단 파도가 거세게 일고 있음을 감지한다.

그런 바다도 매양 사납게만 굴지 않는다. 모든 것을 품어 안듯이 이내 잔잔해지면서 언제 그랬냐는 듯이 모래톱에 고운 시간의 눈금을 새겨놓는다. 나는 그런 눈금을 들여다보면서 권태를 털어

내고 새로운 힘을 얻는다. 실로 나만의 아끼는 소유 공간 아닐 수 없다. (2016)

동부수필문학회 연혁 및 기본현황

주   소   　　여수시 소리면 죽림2길 29-3
전화번호   　　010-6547-0827

창립자

지도위원 임병식

창립회장 엄정숙

창립회원 황동철, 송민석, 곽경자, 김권섭, 이희순, 양달막.
　　　　박주희, 이연화, 김수자(순천), 이임순(광양),
　　　　박지선(광양)

[설립목적]

수필의 르네상스 시대를 맞아 지역 수필 문학의 저변확대와 질적 수준 향상을 통한 창작력 제고 및 동호인 간 교류와 우호 증진을 도모하기 위해 설립되었다.

[변천]

2010년 12월, 원로 수필가 임병식 외 12인의 여수, 순천, 광양 지역 수필 인이 모여 임병식 지도위원, 엄정숙 회장, 양달막 총무 등을 선출하고 매월 한 번씩 모이고 있으며 현재 대다수 회원이 수필작가로 등단하였고 〈한국수필〉〈수필세계〉〈그린에세이〉〈에세이21〉〈푸른솔문학〉〈창작산맥〉 등 수필 전문지에 작품 기고, 각종 문학상 수상 등으로 중앙 수필 문단의 관심과 호평을 받고 있다. 2023. 4월, '법인으로 보는 단체' 등록 (고유번호: 229-82-70059)

[활동 사항]

2015년 11월 동인지 〈동부수필〉 창간호, 2019년 10월 제2집, 2023년 제3집 〈민들레 홀씨〉, 2024년 제4집 〈까치 소리〉를 출간하였고 매월 모임을 통해 회원 작품 합평 및 토론, 유명 수필가 초청 강연, 수필 교실, 문학기행 등 활발한 활동을 전개해 오고 있으며 그동안 시인 등단 3명, 수필작가 등단 7명, 지역 문학상 수상 2명 중앙 수필 전문지 작품 게재 60여 회, 개인 수필집 및 시집 출간 10회 등 괄목할 만한 성과를 거두는 한편 특히 임병식 지도위원의 작품이 중학교 2학년 국어 교과서에 실리는 영예와 수필작법서 '수필쓰기 핵심'이 대학교재로 채택되는 쾌거를 이루었다.

[현황] - 2025년 7월 15일 기준 15명

지도위원 임병식
회　　장 이희순

총   무 양달막

회   원 엄정숙, 곽경자, 윤문칠 이선덕, 차성애, 박주희,
          임경화, 김종호, 오순아, 이숭애, 이승훈, 백이석

매월 회비, 기부금 등으로 경비 충당 및 동인지 출판

[의의와 평개]

현대는 시, 소설 등 문학의 대표 장르를 넘어 수필 전성기임에 비추어 우리 지역 최초의 수필 전문 문학회로 출범한 〈동부수필문학회〉는 15년의 짧은 연륜임에도 중앙 수필계가 주목할 만큼 활발한 문학 활동을 전개, 지역 수필 문학의 저변확대와 수준 향상에 독보적으로 기여하고 있다.

2026여수세계섬박람회에 여러분을 초대합니다

또 하나의 섬 전남풍경 속 색다른 즐거움을 찾아보세요!

- 주제 : 섬, 바다와 미래를 잇다
- 시기 : 2026. 9. 5. ~ 11. 4. (2개월)
- 장소 : 돌산 진모지구, 여수세계박람회장, 개도, 금오도 일원

(재)2026여수세계섬박람회 조직위원회